梳毛、八卦及语言的进化

[英] 罗宾·邓巴 —— 著　　区沛仪　张 杰 —— 译

电子工业出版社
Publishing House of Electronics Industry
北京·BEIJING

GROOMING, GOSSIP, AND THE EVOLUTION OF LANGUAGE by ROBIN DUNBAR

Copyright: © This edition arranged with FABER AND FABER LTD. through Big Apple Agency,Inc, Labuan Malaysia. Simplified Chinese edition copyright: 2022 W.E. Time DigiTechLtd. All rights reserved.

本书中文简体版授予电子工业出版社独家出版发行。未经书面许可，不得以任何方式抄袭、复制或节录本书中的任何内容。

版权贸易合同登记号　图字：01-2022-2476

图书在版编目（CIP）数据

梳毛、八卦及语言的进化／（英）罗宾·邓巴（Robin Dunbar）著；区沛仪，张杰译．—北京：电子工业出版社，2022.11
书名原文：Grooming, Gossip, and the Evolution of Language
ISBN 978-7-121-44346-6

Ⅰ．①梳…　Ⅱ．①罗…　②区…　③张…　Ⅲ．①语言演变－研究　Ⅳ．① H0-09

中国版本图书馆 CIP 数据核字（2022）第 176801 号

责任编辑：胡　南　杨雅琳
印　　刷：北京捷迅佳彩印刷有限公司
装　　订：北京捷迅佳彩印刷有限公司
出版发行：电子工业出版社
　　　　　北京市海淀区万寿路 173 信箱　邮编：100036
开　　本：787×1092　1/32　印张：9.5　字数：187 千字
版　　次：2022 年 11 月第 1 版
印　　次：2025 年 6 月第 5 次印刷
定　　价：78.00 元

凡所购买电子工业出版社图书有缺损问题，请向购买书店调换。若书店售缺，请与本社发行部联系，联系及邮购电话：(010) 88254888，88258888。

质量投诉请发邮件至 zlts@phei.com.cn，盗版侵权举报请发邮件至 dbqq@phei.com.cn。

本书咨询联系方式：010-88254210，influence@phei.com.cn，微信号：yingxianglibook。

目 录

第一章　语言与大脑	001
第二章　走进社交生活	013
第三章　真诚的重要性	053
第四章　大脑、群体与进化	081
第五章　机器中的幽灵	117
第六章　穿越时间的迷雾	157
第七章　最初的语言	193
第八章　巴别塔之后	219
第九章　生命最初的仪式	247
第十章　进化的伤痕	275
致谢	297

第一章

语言与大脑

在一群猴子中,对于一只猴子来说,接受另一只猴子的梳毛是一种本能情感体验。刚开始建立关系时,猴子心底会忐忑不安;接下来,当对方的指尖热情、熟练地划过猴子的皮肤时,它渐渐放下了戒备;这时,那只手从一处雀斑滑向一个黑痣,带着点讶异,轻轻掐捏起来。短暂的刺痛感不知不觉地被舒适的愉悦感所取代,它开始全身心地享受这一美妙的过程,起伏不定的神经信号被快速从身体传向大脑,在大脑深处的核心思维意识中有节奏地轻轻作响。

这是身体感官与社交活动的双重体验。一个温柔的抚慰表达了世间交流的各种含义：有时候传达了安慰、道歉、请求梳毛或邀约玩耍的信息；有时候传递了"特殊声明"，下逐客令；有时候又意味着缓和气氛，表明友好态度。能够知晓一个简单动作传达的究竟是何种意思是社会生物的基础技能，这就需要敏锐洞察对方的心思。在这个瞬息万变的疯狂世界中，在彼此心意相通的那一刹那，所有的社交活动都凝聚在一个手势之中。

拿乔乔（Jojo）来说，它刚刚产下生命中的第一个孩子，此刻正满脸困惑地看着怀中这个陌生的、湿漉漉的小家伙，茫然不知所措。小家伙很机灵，努力地抬起头来，像是被周遭陌生的环境和声音吸引了似的。它们并没独处多久，乔乔的母亲珀尔塞福涅（Persephone）走了过来，它低头看向小家伙，凑上鼻子嗅了嗅，伸出一只手来摸它的屁股。珀尔塞福涅轻哼一声，开始帮乔乔将全身的毛发都梳理一遍。它忙着完成这套社交互动的固定仪式。不过它一直记挂着小家伙，不时停下来，简单地整理一下它头上的毛发，咂着舌头抿着嘴儿发出轻快的叫声。

随着母亲梳毛的节奏，乔乔放松起来，眼睛微微闭着。但随后小家伙的一声呜咽，让乔乔猛然惊醒。原来是两个小年轻被幼崽蜷曲扭动的身体吸引，正伸手去戳它，试着去拉它的一条小腿。乔乔把婴儿拽走，转过身去背朝它们，这打断了珀尔塞福涅的梳毛动作，老祖母便盯着两个小年轻，眼神意味深长，压低了脑袋，扬起眉毛，以示警告。那两个小年轻便惊惶地跳到一边，去别处捣乱了。

这里出现的乔乔和珀尔塞福涅其实是两只狒狒，它们的家族主要生活在非洲东部草木繁盛的草原中的一块岩石露头上。但它们也可以生活在非洲几乎任何一处地方。的确，它们可能属于150多种猴子、猩猩中的一种，生活在亚洲、非洲和南美洲的丛林灌木中。此外，在它们的行为反应中，也有怪异的熟悉之处——仿佛它们也是人类，是6000多个文化群体中的一员，从阿拉斯加到塔斯马尼亚，从贝宁到巴西，这些文化群体散布在世界各处。这就是我们和我们的近亲猴子、猩猩在琐碎日常生活中的交汇点，它们的行为能够引起我们的共鸣，让我们想起日常社交经历中的各种微妙之处与话外之音。

第一章　语言与大脑 | 003

然而我们和猴子、猩猩还是有一点差别的，那就是我们的世界完全被语言包围着，而它们的一切活动都是"无声"的。

人类婴儿在18个月大的时候能够说出第一个真正意义上的词语；在2岁的时候，他的话越来越多，能够掌握大概50个词语；在接下来的一年里，他每天都会学习新的词语，到3岁时便能使用大概1000个词语，并用两三个词组成的短句子进行表达，来吸引注意，要求这、要求那。这时，他掌握的语法也与成人的相当，偶尔还是会犯一些滑稽却合情合理的错误，例如，会在英文"eat"后面加"ed"表示过去式而不是说"ate"，在"mouse"后面加"s"表达老鼠的复数而不用"mice"。接着，他的语言能力发展会一发不可收。儿童在6岁时便能掌握大约13000个词语。到18岁时会拥有大概60000的词汇量。这意味着他自出生之日起，平均每天学习10个新词语，相当于除去睡眠时间，每90分钟便掌握一个新词语。

这可是个不小的成就。考虑到这一点，维系语言发展的大脑机制如此耗费精力也就不足为奇了。尽管大脑只占体重的2%，但它消耗了人体摄入能量的20%。换言之，同样要维持身体器官运作，按照相同重量计算，大脑所消耗的能量是身体其他部位所消耗的10倍之多。这一表现在儿童身上更为明显，他们的大脑在快速发育，而不只是正常思考。在分娩前夕，胎儿的大脑发育十分迅速，通过脐带，母亲将营养传送给胎儿，而大脑吸收了其中70%的能量。自然，胎儿所有的能量都是由母亲提供的。即使是出生后的第一年，大脑依旧占据了婴儿全部能量消耗的60%。

研究发现，与体重相比，人类的大脑比任何物种的大脑都大，这一点也不奇怪。人类的大脑要比同等体型哺乳动物的大脑大9倍，比相同体型的恐龙大脑大30倍。这一点，只有鼠海豚和海豚能与我们相媲美。虽然海豚因其高智商与社会性闻名，但其在发声方面仍不能与人类匹敌。尽管它们发出的哨声和滴答声是种复杂的自然语言，但其复杂程度仍不如人类语言。

由于语言看起来是独一无二的，所以显得格外神奇。其他物种可以高声尖叫、低声哀嚎，但它们都不会说话。或许这个特殊之处不可避免地让人类自视独特，使人类越加自我崇拜。可是通过观察我们的近亲猴子和猩猩，我们发现了许多相似之处：同样频繁的社交活动，同样的吵架拌嘴，同样的快乐和焦虑，同样会被孩子咕咕哝哝的哭闹声惹恼。但是不管猴子还是猩猩，它们都没有形成人类日常沟通所使用的语言。

为什么我们作为不会说话的猿类的后代，却拥有它们所不具备的奇妙能力呢？这个问题如此令人困惑，是因为我们太熟悉猴子、猩猩的社交生活了。我们熟悉这一切，是因为它们频繁地发生肢体接触，乐此不疲地通过为对方梳理毛发来满足彼此的需求。当它们花时间为彼此梳毛、捉虱子时，就像人类母亲专心致志地为孩子梳理杂乱的头发一样，觉得这些行为再平常不过了。

我认为，要解答这个显而易见的困惑在于我们要如何使用自己的语言能力。如果人类之所以称为人类在于交谈，那么世界运转依靠的是闲聊漫谈，而不是亚里士多德或爱因斯坦口中的真知灼见。我们都是社会人，我们的世界与猴子、猩猩的世界并无差别，日常生活中遍布着琐碎小事与利益得失。正是这些让我们沉溺其中。

为了证实我的观点，我给大家提供一些统计数据。

当你在咖啡馆或酒吧时，花点时间听听你邻桌的谈话，你会得出与我们研究一样的结论——他们三分之二的对话内容都是些生活琐事。例如，谁和谁在做些什么，这件事情是好是坏；谁来了谁又走了，为什么；如何处理复杂的亲子、情侣、同事关系。你也许会碰巧听到有人就某一个技术问题或某本读过的书而展开深入交流。但是你接着往下听，用不了五分钟，谈话就会偏离主题，重新闲聊起来，回归社会生活的自然节奏。

即使在大学活动室或跨国公司的餐厅里，情况也并没有什么差别，那可都是学术骨干和商业精英往来的场所。当然，你偶尔也能听到有人会探讨一些高深技术问题或谈生意。但只有在客人得到款待之后，或利益相关者专门就某些重要问题组织会面讨论时，你才能看到上述情景。其他日常交谈的内容，像当代文化、政治、哲学、科学这样的重量级学术问题，不会超过四分之一。

我这里还有两组关于出版物的统计数据可证实此观点。在每年出版的图书中，小说的销量总是高居销售榜榜首。你可以去你身边的书店看看，除了大学校园内的书店，其他书店的书架上三分之二的书都是小说。虽说如此，吸引读者的并不是那些精彩刺激的冒险故事，而是书中主人公的人生经历。让读者为之着迷的是他们如何为人处世，如何应对变幻莫测的人生经历——那些"要是没有上帝的恩典我就不可能应付"的经历。因此，在所有小说中，销量最好的并不是出自大师之手的作品，而是爱情小说。

其他的书，从艺术、历史到摄影、体育，从科学、工艺到居家爱好者的汽车维修指南，都可以归在"非小说"这个包罗万象的标签下。只有传记可以自成一派，并且占据图书市场的重要份额。每年都有大量类似的传记进入市场，重新讲述那些名利场中的得意者与失意者的人生故事。无论新闻广播员、政客、演员，还是标枪运动员、足球运动员，都出版过自己的传记。那些逝去的小说家、将领和政客的传记也占据着一定的市场份额。

那么我们为什么要买这种书呢？不是为了学习标枪或足球，也不是为了学习如何在电视上看新闻，而是为了窥探那些英雄人物或家喻户晓的名人的私生活。我们想要知道他们的隐私、八卦和他们的内心感受。我们对那些表演技巧或议会程序的详细技术性分析并不感兴趣。我们想要知道的是外部事件是如何影响他们的，他们又是怎样应对人生的跌宕起伏的，他们对亲友有何想法，以及他们如何看待所经历的荣辱得失。

再来看看你手边的报纸，有多少版面是用来刊登政治、经济新闻的？

显而易见，大多数人宁愿去了解那些名人，甚至是名气稍差一些的人的所作所为，也不愿意去了解艰深、复杂的经济运行原理或科学所取得的进步发展。辛普森（O. J. Simpson）案的新闻报道引发了人们的广泛关注，收视率甚至超过了美国国会委员会的审议报道，尽管委员们的决议对国民未来生活的影响要远远大于辛普森清白与否产生的影响，但人们依旧更关心后者。

令人不解的是，被我们如此夸大的语言能力大多数时间却仅仅是用来交流生活琐事的。我们似乎太沉迷于关注别人的是非长短，甚至连我们的思维也被设计得强化了这一功能。当然，语言造就了了不起的人物，如莎士比亚（Shakespeare）和艾略特（T. S. Eliot），他们不是我们臆想出来的，各种指导手册的编写者也不是虚构的。实际上，语言可以带来快乐，让我们受益。语言也一直是我们的珍宝，没有语言，我们的世界就算不会成为孤岛，也必将黯然失色，不似现在这般精彩。语言让我们彼此联系，让我们能够分享知识与经验，这一点是其他任何物种所无法比拟的。那么为何我们拥有这种奇妙的能力，但大多数时间却将其大材小用了呢？

一百年来，大量语言学、心理学、语音学的研究让我们对语言有了丰富的理解：语言是怎样产生的，语法是做什么的，儿童是如何习得语法的？但与此同时，对于为什么在数以万计的现存物种中，唯独人类拥有这种神奇的能力这个问题，我们几乎一无所知。我们并不能确定语言是何时演化出来的，也不知世界上的第一种语言听起来是怎样的。然而近十年来，我们了解到更多人类进化的背景和我们的近亲猴子、猩猩的行为，这些知识比人类在此之前几千年所积累的还要多。这种新的进化观深深根植于现代进化论中，让我们不由自主地去关注那些被忽视的语言问题。在这一过程中，我们的过往在历史洪流中埋藏了几十万年之后才得以重见天日。

所以我采用的研究角度与传统语言研究的角度大不相同。一百年来，语言研究主要集中在以下三个领域：语言学（其关注点主要在语法结构上）、社会语言学（主要关注性别与社会阶层对我们词汇使用和发音的影响）和神经语言学（主要关注大脑结构如何让我们说话与理解语言）。虽然考古学和语言历史（方言的形成过程）引起了人们的一些关注，但它们仍被主流视为无关紧要的推测。

对于语言功能的问题，以及为什么我们拥有语言而其他物种没有的问题，我们的关注更是少之又少，甚至总是刻意回避这些问题。语言经常被看作其他生物大脑进化的副产品（尤其是我们的超强大脑），没有必要再去寻求其他解释。

这一奇怪的现象主要源于这样一种说法（在社会科学中被广泛接受）：人类行为基本都是社会现象，语言尤为如此，因此远非生物学可以提供解释。神经生物学的确让我们了解到一些语言产生与理解的机制，但除此之外，神经生物学对语言本质的贡献便微乎其微。总体来说，生物学家也认可这一种说法。但进化生物学的最新进展对我们理解人类及其他动物的行为产生了深远影响，语言也不可避免地在这种强有力的、新的"显微镜"下被重新审视。

本书就是探讨这些新发现及人类语言起源的问题。在书中，我不仅会讨论语言的用途，还会涉及更基本的问题：我们为什么拥有语言，它从哪里来，何时产生。最早的语言听起来是怎样的？是哪些人使用这些语言进行交谈的？为什么语言从其早期阶段发展演变到今天大概还有5000种无法相互理解的语言（这还不包括在文字出现之前的几千年中就已经消失的语言）？本书将带你走进一段奇妙的探索之旅，让我们一起重回历史，回到我们还只是普通的猿猴，并无任何特别之处的时候与意想不到的各种生物学理论不期而遇，从历史到生物，从猴子、猩猩的公众行为到人类的亲密表现，一起漫步遨游其中。

第二章

走进社交生活

人类社会生活的典型特点在于人们对彼此的生活展现出浓厚的兴趣。我们花大量的时间相互陪伴、轻抚低语，或刨根问底想要弄清楚谁和谁在做些什么。你也许认为这就是人类比其他生物高一等的原因，但是你错了。过去30年来，我们从关于猴子和猩猩的研究中学到了一点，那就是人类并不是独一无二喜欢社交的种族，猴子和猩猩跟我们一样喜欢社交。

现在让我们把人类的故事作为叙述的背景，我们还得追溯到灵长类祖先那个时候，看看是什么使得灵长类动物有别于其他动物,从而被赋予独一无二的特质的呢?答案在于灵长类动物生活在高度复杂的社会环境中,这是其他任何动物都无法企及的。

猴子惹的祸

猴子和猩猩都是高度社会化的动物。它们的生活以小群体为中心,群体成员一起生活,一起工作,相互陪伴。如果没有亲友,猴子便同人类一样无法生存。灵长类动物的社交频繁且耗时。它们花大量的时间与特定对象相互梳毛,就像我们第一章提到的乔乔和珀尔塞福涅,梳毛搭档一般都是母系亲属。这种关系从它们母亲那一脉延续下来,形成母女关系的链条,可以穿越时间的迷雾,追溯到远古的灵长类祖先——夏娃。

生物学家理查德·道金斯(Richard Dawkins)曾提醒我们,这条追溯先祖的链条事实上并没有多长。他说,想象一下,你站在印度洋海岸,也就是肯尼亚(Kenya)与索马里(Somalia)南部边境的交界处。当你面朝南方,伸出右手牵起你母亲的左手时,站在你对面的是一只跟你年纪、性别相同的黑猩猩，它的左手抓着自己母亲的右手。与此同时，你母亲的右手又牵着你外祖母的左手，黑猩猩的母亲的左手也抓着自己母亲的右手。就这样，一代一代地手牵手，形成两条链条并排蜿蜒前行，穿过非洲平原到达远方的肯尼亚山（Mount Kenya）——一座从地平线上的云海中微微露脸的暗褐色的山峰。这链条到达肯尼亚山时，长度尚不超过300英里（约483千米），这条母女链条最终交汇到一点——我们共同的"夏娃"母亲，它居住在距今500万到700万年的东非大草原上。

你和这位祖先夏娃之间相隔的代数少得惊人，如果按伸开胳膊的长度1.5码（约1.4米）计算，世代间隔时间取平均数20年，那么身处肯尼亚海岸的你与身处肯尼亚山坡的祖先之间至多隔着35万人。这仅相当于英国国民保健署（the National Health Service）员工人数的1/3，不超过英国一个中型郡县的人口。或者换个更形象的说法，相当于英格兰和威尔士每年新生婴儿数量的一半。就算每一代的间隔时间按10年计算（或许这是比较合理的估算，因为这是黑猩猩和我们的祖先生育头

第二章　走进社交生活　|　015

胎的年龄），生命线的长度也不会超过600英里（约966千米）——从维多利亚湖[1]（Lake Victoria）的西岸到肯尼亚海岸的距离，这中间隔着70万人左右。

引人深思的是，人类与黑猩猩共同的祖先与我们间隔的代数这样少，那么人类与黑猩猩就不只是表亲关系，而是属于姐妹种（sister-species）。因此一些生物学家称人类是第三种黑猩猩（其他两种是普通黑猩猩与其姐妹种倭黑猩猩，又称侏儒黑猩猩）。

那让我们顺着道金斯这种生动的牵手比喻再追溯得更深入一些，还需要追溯多久远，才能探寻到旧世界猴和猿类的共同祖先呢？

最多再走85英里（约137千米），相当于一段轻松越过肯尼亚山的路程，我们就能找到大猩猩和黑猩猩—人类（chimp-human）家族的共同祖先。假设按大多数类人猿10岁生育头胎的年龄计算，那中间差不多隔了10万代人。以此类推，再走700英里（约1127千米）就能遇见

---

[1] 非洲最大的湖泊，世界第二大淡水湖，位于东非高原上，位于非洲中东部，该湖大部分在坦桑尼亚和乌干达两国境内，是乌干达、坦桑尼亚与肯尼亚三国的界湖。——译者注

人类—黑猩猩—大猩猩家族（human-chimp-gorilla family）与褐猿的共同祖先，一种生活在亚洲树林可爱的红毛猩猩。现在我们刚刚到达乌干达—扎伊尔[1]（Uganda-Zaïre）的边界，此地十分靠近维龙加火山群（Virunga Volcanoes）。戴安·弗西[2]（Dian Fossey）曾在此居住过，一直守护着她热爱的山地猩猩直到生命的尽头。

继续向前，我们追溯到了小型物种，世代间隔越来越短。一旦我们越过现存类人猿的祖先，平均间隔时间也就五六年，同时，链条上的每一对胳膊能伸展的长度也缩小了0.5码（约0.5米），相邻两只动物的鼻子之间的距离只剩1码（约0.9米）长。再向前走40英里（约64.4千米）就能看到类人猿与长臂猿的共同祖先了。长臂猿是一种小型猿类，如今仅分布在东南亚地区。从这儿到亚非所有猴子和猿类的共同祖先的距离还有1100英里（约1770千米）。到目前为止，我们到达了刚果首都布拉柴维尔中部的某个地方，距离大西洋仍有500英里（约

---

[1] 刚果民主共和国是非洲中部的一个国家，旧称为扎伊尔。——译者注
[2] 美国动物学家，因对山地大猩猩的研究和保护而闻名于世。——译者注

805千米）。我们甚至都还没穿过非洲大陆狭窄的那部分地区，就已经追溯了3000年的历史。这链条上只有400万女性连接着你和那逝去已久的远古祖先，当时它还在古非洲森林的树顶上活蹦乱跳呢。但到这为止，链条上的生物总数也才不到伦敦或巴黎人口总数的一半，差不多是现在的里约热内卢人口总数的1/4。

接下来的200年间，地球温度急剧下降，热带太平洋海表温度从23℃下降至17℃，热带地区向南推进到今天的赤道。随着气候变化的加剧，一些原猴亚目成员开始朝完全不同的方向进化，脑容量增大，脸越来越圆。这开启了一场重大的突破之旅，最终它们进化成所谓的类人猿（正如我们现在所知道的猴子和猿类）。从此，灵长类动物的活动范围就是它们现在分布的地区，主要是非洲、亚洲、南美洲的赤道地区。不久之后，非洲与南美洲分离，南美洲的猴群独自进化，但依然保留了3500万年前古类人猿的一些特征。

我们已在通往恐龙时代的路途上走了差不多一半的路程了。但距离那些大型爬行动物帝国衰落而最早的灵长类动物出现的时间，还有很长的距离。大多数人都惊奇地发现，作为目前为止生物进化最高级的产物，灵长类动物实际上是哺乳动物最古老的家族成员之一，是食虫类动物蝙蝠、狐蝠的近亲。在末代恐龙统治的漫长时期，它们与我们的祖先曾一起躲避体型庞大、形如蜥蜴的恐龙的追捕。

生活在恐龙时代末期最后1000年里的灵长类祖先体型娇小，像松鼠一般长着尖长的鼻子，在繁盛茂密的热带灌木丛林中奔跑。在后恐龙时代，它们重获自由，演化成大量新物种，散布在数百个不同的生态位中，其中大部分位于北半球，也就是现在的欧洲和北美洲。这些物种属原猴亚目，现存后代包括马达加斯加的狐猴、非洲的婴猴和亚洲的蜂猴。3000万年来，它们统治着北半球的森林地带。

同时，灵长类动物在亚洲、非洲的进化速度不断加快。大约3000万年前，这支灵长类动物分化成两个主要家族：旧世界猴（以疣猴、叶猴、狒狒和猕猴为代表）和猿类。然而猿类在接下来的1500万到2000万年统治了旧世界的森林，猴子的地位则开始变得无足轻重。

大约在1000万年前，气候日益干燥，气温再次骤降，地球海表温度又下降了10℃，旧世界森林面积开始减少。仅在几百万年的时间内，猿类数量骤然减少，而猴子由于能更好地适应地面生活，吃粗糙的食物，便成了生态竞争中的胜者，开始大量繁衍。猿类数量减少的原因之一是猿类不能像猴子那样中和生果子中的单宁酸。单宁酸是植物产生的一种有毒物质，使得植物的某些部分无法食用，像部分植物的成熟叶片中就含有高浓度单宁酸，以防止被食草动物采食而毁坏。但由于植物扎根于地下，无法散播种子，因而有时候也需要动物的帮助。让所有的子孙都长在自己脚下并没有什么好处，它们会争夺阳光与土地养分，而将种子四处散播倒是个不错的主意，它们可以争夺其他植物的养分（然后不负期望地开枝散叶）。问题是植物怎样散播种子呢？

可以说，动物就是它们的救星。像猴子这类哺乳动物可以日行几英里，植物利用它们确实就能将种子散播到更广阔的区域。例如，无花果、李子、苹果这类水果，都将种子包裹在营养丰富、颜色诱人的果肉内以吸引动物食用。种子慢慢穿过动物的肠子（这一过程需要两三天的时间，此时动物也许已到达几英里以外的地方了），再被排出去，在远离母株的地方生根发芽。

但采用这一散播策略的植物也面临着一个问题：种子必须要先发育成熟，以便日后能独立发芽生长。种子发育的早期阶段所需的营养由母株提供，为了防止食果动物破坏未发育成熟的种子，母株会产生单宁酸和其他化合物来保护果实。待果实成熟之时，这些有毒物质便会逐渐分解。此时种子已发育成熟，准备好迎接生命之旅，包裹种子的果肉也褪去其化学防御。这正是单宁酸使得生果子味道苦涩的原因。

人类也同类人猿一样无法消化生果子。因为人体中没有能分解单宁酸的酶，如果食用过多，就会饱受胃痛之苦，严重的情况下还会导致腹泻。

与猿类不同的是，旧世界猴在进化过程中产生了酶和其他机制，使得它们能够突破植物的化学防御。700万年前，随着生存环境日益恶劣，能够食用生果实使狒狒和猕猴等猴类比猿类更具明显优势。由于大量果实在未成熟之前就被扫荡一空，猿类可食用的果实就更少了。猿类逐渐衰落，猴子便成为森林中占上风的灵长类动物。少数存活下来的猿类被迫下树生活，迁移到森林边缘——那些猴子不敢轻易涉足的地方。时至今日,那些曾辉煌一时的猿类还在生死存亡的边缘苦苦挣扎,它们现在仅活跃于亚洲和非洲地区的小部分区域,近十年的数量正逐渐减少。

同时,猴子家族的新成员首次出现在化石记录中,并且开始占据主导地位。猕猴出现在大约1000万年前,曾广泛分布于欧洲和非洲北部,如今仅能在亚洲发现其身影。狒狒则在之后的几百万年出现。长臂猿出现的时间更晚,最早的长臂猿距今有200万年的历史,甚至比最早出现的真正意义上的人属(Homo)成员的历史还短。最早的人属成员出现在250万年前,生活在非洲东部的河湖边上。

大多数人想当然地认为,在漫长的历史中,非洲和亚洲的猴子代表着祖先的生活状态。灵长类动物进化的传统观点认为这是一个自然进化的过程,旧世界的普通猴子进化成为猿类,最终又进化为现代人类。事实并非如此,大部分人发现这点时感到十分惊奇。分子遗传学的发展加上对解剖学更深入的了解及大量新发现的化石材料为此提供了新证明——我们熟悉的非洲和亚洲猴子，同狒狒、长臂猿和猕猴一样，都是在进化过程中半路出现的新物种，并不像猿类那样与人类同源。

1000万年前降临到这些不幸的猿类身上的灾难还远未结束。其中一支猿类家族熬过了恶劣的气候变化，生存下来并最终演变成人类。约在700万年前，一部分猿类开始能够充分地利用与森林相接的那片广阔草原生活，并很好地适应了草原生活（现在也是如此）。它们因为森林家园的生存环境日益艰难，在与其他猿类的竞争中败下阵来，不得已才另谋出路。这种情况在进化历史上时有发生，面临边缘栖息地的挑战，进化的步伐不得不加快。尽管死亡率出奇的高，但是善于利用新环境的群体依然活了下来。这样的关键时刻，在地质时代表上仅仅是一眨眼的工夫，人类在生存与灭亡的天平之间左右摇摆。正是这千钧一发的时刻决定了人类的命运。

尽管不同支系的境况不同，但它们都面临相同的困境：如何避免捕食者的猎杀。捕食者看似多得无穷无尽，包括剑齿虎、狮子、豹子、土狼、猎狗、食猿雕，甚至有时还包括其他灵长类动物。对任何动物来说，觅食都是永恒的主题，只要有充足的时间，它们总能在大自然中勉强过活。但问题是暴露时间一长，它们就容易被捕食者抓获。为了出其不意地获取猎物，大多数捕食者在发动最后攻击之前都会偷偷摸摸的，以免打草惊蛇。因此，无论四处觅食还是摘果子树叶，动物时时刻刻都要面临着被捕食的风险。捕食者伺机而动，时刻等着不留神的猎物落网。

捕食风险取决于物种的体型。像黑猩猩、大猩猩这样的大型物种，捕食风险就会大大降低（尽管不可能完全避免）。但是小型物种却时刻面临这样的威胁。据估算，在长尾黑颚猴的死亡总数中，有1/4的死亡是捕食者（多为豹子）造成的。20%的红疣猴成为坦桑尼亚贡贝国家公园黑猩猩的猎物，那些黑猩猩因珍·古道尔的研究而闻名。

捕食风险是动物进化面临的一个严峻问题，因为它们一旦落入捕食者口中，就绝无机会再繁衍后代。如果动物无法繁殖便不能为后代基因做出贡献，它们就得承受巨大的压力，寻求避免这种悲惨命运的方法。进化是这个问题最好的解决方法，而事实也证明如此。你我今天得以存活于世，都是由于我们的祖先通过进化成功地解决了生存问题，或者说至少争取到了足够的时间来繁衍后代。

它们成功利用了捕食者的两个特性来降低捕食风险。一种是捕食者不能轻易摆平体型比自己大得多的猎物。这种情况只有少数专门的捕食者组群合作才能完成。因此，增大体型就可以大大降低捕食风险。陆生动物比树栖动物更容易受到捕食者的攻击，因为它们没有那么多机会逃到茂盛的树林或躲进树里去，这些地方对捕食者来说风险太大了。这就造成陆生动物的体型比树栖动物的大。

另一种是生活在大型群体中。群体通过多种方式降低捕食风险。

首先，大型群体中会有更多双眼睛帮你盯着追踪的捕食者。大多数捕食者都有一定的捕猎距离，在这一范围内不被猎物发现才有机会成功捕猎。这就是为什么你家小猫会匍匐在草地上，用草叶、鼹鼠丘做掩护，一点点靠近草坪上的小鸟。此时，小鸟正在啄食你好心撒在草坪上的面包屑。小猫只有在确定小鸟没有注意到它时才会前行，一旦感觉到小鸟可能有所察觉，它便静止不动。

每个捕食者都有自己的攻击距离，这取决于其速度和攻击形式。猎豹无须助跑就能达到每小时70英里（约113千米）的速度，其攻击距离为70码（约64米）。狮子体型较大，速度较慢，其攻击距离为30码（约27.4米）。而体重更轻的豹子则只需不到10码（约9米）。如果猎物在捕食者攻击距离之外就有所察觉，那它就能够逃脱。大部分捕食者根据以往经验也意识到了这一点，因此一旦察觉自己已被猎物发现，它们就不会白费力气继续追捕。这也是为什么你会偶尔看到在一只狮子经过时，牛羚群像《圣经》描述的红海[1]一样分出一条路给前来的捕食者。牛羚知道，只要它们在狮子的攻击范围之外，自己就没有危险，只需要时刻保持警惕即可。

其次，大型群体也能起到很好的威慑作用。如果捕食者知道目标猎物有同伴在附近，能够赶来救援，它们大多都不愿意发起进攻。尽管我们并不清楚牛羚等物

---

[1] 《圣经》中提到过的著名的海。埃及追兵将近红海边，摩西举杖，红海分开，希伯来人过红海如履平地。埃及人也追入，却被红海吞没。——译者注

种会不会去帮助被狮子或猎狗围困的同伴，但群体防御在灵长类动物间是很普遍的。狒狒就曾逼得豹子走投无路，爬上树去，甚至还会将其杀死。如果红疣猴家庭的成年雄性在附近，它们被黑猩猩攻击的概率就会大大减小。就算是黑猩猩，也不愿冒着被群殴的风险去袭击只有它1/4重量的动物。想想人类也是如此，被一个老太太用手提包打不会吓跑抢劫犯，但要是20个老太太一齐上阵，再厉害的歹徒也不敢轻易下手。

最后，同样重要的一点，成群的动物能够混淆捕食者的视线。捕食者通常会锁定目标猎物，将其扑倒，从而成功捕食。但当猎物逃进群体中去时，大家都四处乱窜，捕食者一时难以辨别，这一瞬间的失神就足够猎物逃生了。

因为灵长类动物喜欢群居生活，共同抵御捕食者，所以社会性（sociality）是其存在的核心和主要的进化策略，让它们有别于其他动物。灵长类动物的社会性十分特殊，往往是以血缘关系为纽带而建立的紧密联系。灵长类动物群体以血缘为基础代代相传（通常都是以母女关系为基础，少数情况下也有父子关系）。

第二章　走进社交生活

患难之交

群居生活也会带来麻烦,凡是密切联系的社区成员都深谙这一点。例如,时不时就会有人一不小心侵犯你的私人空间;或者大家一起挤在诱人的觅食地附近时,就可能会有个家伙不小心踩到你的尾巴;更糟糕的是,你刚坐下准备享用美食,会有恬不知耻的家伙把你刚到嘴边的食物抢走。这些都是社会生活的考验,是拥挤带来的麻烦,城市通勤人员和生活在平民区高楼的居民对此早已十分熟悉。这也是过度拥挤的住房条件和大家庭带来的困扰。这些因素迫使我们各奔东西,寻求平静的独居生活。

社会动物永远都在维持分散与凝聚两股力量的平衡。捕食风险让我们产生了社交需求,找寻同伴;而过度拥挤的群居生活迫使我们彼此分离,寻求宁静的个人空间。捕食者增多(对人类而言,捕食者可能就是随意侵犯你地盘的人),我们便渴望亲密的朋友,甘愿忍受拥挤;捕食者减少,群居生活弊端就会占上风,让我们各奔东西。群体规模是维持这一平衡的产物。

灵长类动物进化出一种独特的方法来应对这一问题，那就是建立联系紧密的大型群体。为了保持群体不断壮大，它们首先需要建立一种有效的机制，确保成员之间既有足够的隐私空间，又不会过于松散而脱离群体。

实现这一微妙平衡的诀窍在于联盟。灵长类动物之间会组成一个个小群体，例如，母亲和女儿或者两姐妹之间会结成互相帮助的同盟，共同抵御外敌。这是一种"你帮我，我帮你"的约定，是高级灵长类动物特有的文化。尽管雄狮为了统治雌狮群也会联盟，但这种联盟关系是临时性的，是为了应对眼下特定的情境而形成的。猴子和猩猩的联盟则不同，它们会在问题发生之前几个月就联盟，并且联盟长期存在。它们的联盟是为了应对未来发生的突发状况而建立的。

我在非洲花了上千个小时观察猴子的生活，其中最有意思的是那段研究在埃塞俄比亚高山里生活的狒狒的时光。人类对这种狒狒知之甚少，但它们有种不寻常的魅力。它们就是狮尾狒，因其胸部有一块红色的裸露皮肤，呈倒沙漏状，人们又称其为红心狒狒。雄狒狒体型高大，犹如狮子一般雄壮威武，肩上披着深褐色及黑色的长毛，在悬崖峭壁间奔跑跳跃时长毛会迎风飞扬。狮尾狒实行一夫多妻制，典型的狮尾狒家庭一般是由四五只雌狒狒、未成年的后代及一只负责交配的雄狒狒（后宫之主）组成的。通常，成年后的雄狒狒会离开原来的家庭加入由雄狒狒组成的单身群体，雌狒狒则在发育成熟后与母亲、姐姐、姑妈、表姐一同结成团结而忠诚的同盟。实际上，这些同盟在它们出生之日就已经确定，是跟随母亲而产生的连带的社会关系。

这些紧密的联盟关系对首领雄狒狒来说至关重要。它们要时刻提防着年轻雄狒狒，以免被取而代之。那些年轻的雄狒狒迫切地想要与雌狒狒交配，繁衍后代。虽然一个家庭有四五只雌狒狒，但有交配权的雄狒狒只有一只，因此很多雄狒狒没有繁衍后代的机会。这就是雄性单身狒狒群体存在的主要原因，它们伺机而动，等待合适的机会取代现任首领。总有一天，单身狒狒会被逼得走投无路而出手，冒险尝试抢夺整个后宫的雌性。毫无疑问，现任首领不会希望失去自己的妻妾，因为一旦失去了妻妾，它们就会失去交配与繁衍后代的机会。

为了避免悲剧的发生，首领雄狒狒会花大量精力展示其雄风，威慑游离在附近的竞争者。同时，又要确保妻妾不会离自己太远，以免雌狒狒有机会与其他雄性"偷情"。只要是雌狒狒走远，或离其他雄性靠得过近（哪怕是其他家庭的首领雄狒狒），它的丈夫就会扬起眉毛，大声喘气，发出警告。偶尔警告也会升级，恐吓胆战心惊的雌狒狒。

首领雄狒狒因妻妾离自己过远而想要教训它们，结果却往往适得其反。可怜的雌狒狒的梳毛搭档们会一齐为它撑腰。它们并肩站着，怒目直视雄狒狒，发出阵阵狂吼。这时，雄狒狒一般都会服软，生气地走开，试图维护其尊严。然而有时候雄狒狒对自己的尊严和安全极其敏感，并不会妥协。这只会导致更多的雌狒狒加入其中，给严阵以待的姐妹们助威。结果无一例外，愤怒的雌性展现出非凡的姐妹情谊，赶着雄狒狒满山跑。

通过梳理毛发，联盟得以建立并维持，这是猴子和猩猩参与的最具社会性的活动。一些种群会拿出一天当中五分之一的时间来相互梳毛。母亲会花几个小时认真地给孩子梳毛，仔细寻找孩子身上的死皮，缠绕在一

第二章　走进社交生活 | 031

起的毛发，以及在灌木丛中觅食时沾到身上的小叶片和刺。有时，它也会无私地为亲友梳毛以保持卫生。保持皮毛干净健康对于任何动物来说都很重要。

对猴子和猩猩来说，梳毛不仅是为了卫生，更是友谊与忠诚的表现。从20世纪70年代末到20世纪80年代初的一段时间里，宾夕法尼亚大学的罗伯特·赛法斯（Robert Seyfarth）和多萝西·切尼（Dorothy Cheney）花了大半时间研究生活在肯尼亚安博塞利国家公园（Amboseli National Park）的长尾黑颚猴。

他们曾录下长尾黑颚猴在被其他群体成员攻击时发出的声音。等发出尖叫声的那只动物走远后，他们用藏在树丛里的扩声器播放录音，同时用视频记录下坐在扩声器前面的长尾黑颚猴的反应。

他们播放求救叫声的录音时，群体中的大部分成员只是向藏着扩声器的方向扫了一眼，并没有过多反应。但当他们把录音对着在两个小时前与求救者相互梳毛的猴子播放时，那只猴子很快抬头盯着树丛看，好像在考虑是否要向前探查一番，来判断这种情况是同伴需要帮助，还是只不过是一场很快就会平息的小小争端，好尽到梳毛搭档的义务。

长尾黑颚猴能清楚地分辨出哪些是与它们定期相互梳毛的搭档。梳毛搭档具有特殊地位，值得特别关注，患难与共，互相关照。

狒狒也是如此。即使在小型家庭，雌狒狒对其梳毛和帮助的对象也会精挑细选。雌狒狒获得帮助的次数与它们被梳毛的次数相关（无论它们在家庭内部发生争吵，还是因为误入其他家庭的地盘而被攻击）。它们明白谁是自己忠实的伙伴，也不必提前半小时为对方梳毛才能确立这样的关系。

必须说明一点，并不是所有的灵长类群体都具有这样的特性。虽然马达加斯加的狐猴和非洲的婴猴等原猴亚目也是集群生活的，但它们很少有联盟现象。虽然并不是完全没有，但这种现象在南美洲猴、疣猴等旧世界猴中绝不常见。具有高度发达联盟行为的物种包括生活在较大群体中的狒狒、猕猴、长尾黑颚猴和黑猩猩。

走进马基雅维利[1]——狡诈与权谋

似乎只有当动物知道其他成员如何生活,如何评估盟友,联盟才能成立。这些信息并不总是能直接获得的。打斗在灵长类群体中并不常见,你不会看到潜在的盟友与每个成员轮番较量。猴子会权衡可能出现的结果,例如,彼得能打败吉姆,吉姆能打败爱德华,那么如果彼得和爱德华打架,彼得赢的概率更大。

这种对社会关系的推断和对盟友可靠性的敏锐直觉构成了灵长类动物联盟的基础。从认知层面讲,这是高度复杂的社会推断能力。但是假设猿猴动物也具备这样的能力,那情况就会有所不同。就像人类利用知识在政治宣传中既可以做好事,也可以做坏事一样,猿猴动物也会使用其社会技能来利用同类。

安德鲁·怀坦(Andrew Whiten)和迪克·伯恩(Dick Byrne)在研究非洲南部大狒狒时就观察到这样一

---

[1] 马基雅维利(Machiavelli,1469—1527)是意大利政治家和历史学家,以主张为达目的可以不择手段而著称于世,马基雅维利主义(Machiavellianism)也因之成为权术和谋略的代名词。——译者注

个典型案例。一只叫梅尔的年轻雌狒狒正在挖掘植物块茎，这可是个费劲的活儿，大大超出了一只成年狒狒的能力。但是生活在这样贫瘠的土地上，有营养的块茎还是值得费力挖掘的。

与此同时，一只叫保罗的幼年狒狒在旁边偷偷看着梅尔，就在梅尔快要挖出来的关键时刻，保罗发出大声尖叫，这种叫声一般是在幼年狒狒遭遇比自己高大勇猛的同类攻击时才会发出的。保罗的母亲正在远处的一片丛林中吃东西，看不到这边的情景，听到声音后立马冲了过去。它认为自己对眼前的形势一目了然，因而做出误判：显然是梅尔恐吓了它的宝贝儿子。于是它愤怒地扑向毫无戒备的梅尔，这是当孩子遭到欺负时，母亲才会有的表现。不用说，惊恐万分的梅尔丢下块茎就逃，大发雷霆的母亲在后面紧追不舍。保罗则像没事人似的捡起块茎，美美地享用自己的午餐。

这样的现象并不少见。瑞士动物学家汉斯·库默尔（Hans Kummer）描述过这样一个案例。一只年轻的雌性阿拉伯狒狒花了20分钟的时间，一点一点挪到仅2码（约1.8米）开外的石头后面，那儿躺着一只年轻雄

第二章 走进社交生活 | 035

狒狒。到那儿之后，雌狒狒开始坐下给它梳毛，它身体坐得笔直，以便能露出头看到几码之外的首领狒狒。阿拉伯狒狒与狮尾狒社会结构相似，为一夫多妻制，一个家庭中仅有一只雄性拥有交配权，独享两三只雌性。但这两个种群之间最主要的区别是，雄性阿拉伯狒狒完全不能容忍自己的妻妾给其他异性梳毛（甚至不允许它们靠近）。这只雌狒狒好像精心策划过自己所在的位置，让首领狒狒以为自己没干什么坏事。

荷兰动物学家弗兰斯·德·瓦尔（Frans de Waal）在他的《黑猩猩的政治》中描述了高级灵长类动物巧妙维持关系平衡的一个经典案例。在荷兰阿纳姆公园（Arnhem Zoo）有一群圈养的黑猩猩，年轻的雄性鲁伊特（Luit）刚刚打败了老耶鲁恩（Yeroen）。老耶鲁恩已经统治这个家庭很多年了，它总能或多或少享有与雌性交配的特权。但现在它沦为老二就意味着这些特权落到了鲁伊特手中。几个月后情况更糟了，又一只年轻的雄性尼基（Nikkie）也能打败老耶鲁恩了，因此老耶鲁恩沦为老三，失去了所有特权。但接下来就是体现它的高明的时候了。这只狡猾的老黑猩猩并没有暗自伤神、意志消沉，它很快与尼基结为联盟。由于比鲁伊特年轻，尼基仅凭个人之力无法统治整个家庭。但有了老耶鲁恩的帮助，它就能够打败鲁伊特。于是新的等级诞生了，尼基是老大，老耶鲁恩是老二，而鲁伊特重新当回了老三。接下来才是致命的一击。老耶鲁恩继续利用其地位与雌性交配。尼基当然不高兴，开始教训肆无忌惮的老耶鲁恩。而老耶鲁恩只是按兵不动，等待时机。尼基与鲁伊特又发生了冲突，这一次，老耶鲁恩只在一旁看热闹，并没有帮它。尼基这回输了，如果它不与老耶鲁恩握手言和，它就赢不了。但只要它肯忍受这只老黑猩猩与几只雌性交配这件事，就不会出什么乱子。每次尼基因为嫉妒认不清自己时，老耶鲁恩总会在它与鲁伊特发生冲突时袖手旁观，以示警告。

这些计策能够成功的原因在于猴子和猩猩能够推测其行为可能带来的影响。这当然不是说老耶鲁恩精确估计了自己的胜算，我们甚至不清楚老耶鲁恩的成功有多少是靠深谋远虑，又有多少是靠运气。作为旁观者，我们可以事后添油加醋地把故事讲成一计妙策，但当我们也身处其中时，就不会这样一板一眼地分析了。就像老耶鲁恩一样，我们会更多地依靠直觉捕捉机会。但老耶鲁恩的行为前后一致，说明其中还是有些先见之明的，即使只是粗浅地通过认识局势以达成目的。日本灵长类动物学家西田利贞（Toshisada Nishida）观察到野生黑猩猩具有相似行为更加证实这一观点，黑猩猩能知道自身行为带来的影响，并将其纳入日后计划。西田利贞给老耶鲁恩操控尼基的行为起了个更有意思的名字叫"变幻莫测的联盟"。

大量的证据表明，猴子和猩猩对一些要承担风险的情况十分敏感，并会做出相应调整。萨罗杰·达塔（Saroj Daua）曾表明，当雌性幼年恒河猴与地位比它高的对手发生冲突时，如果对手母亲在附近，盟友冲上来帮忙的可能性要大大低于对手母亲不在视线范围内的时候，因为它们知道对手母亲不会眼见自己的孩子被欺负而坐视不管。更糟的是，一般地位高的母亲的亲属也多，它们很容易为维护集体地位而加入保卫战。所以上前帮忙不仅帮不了朋友，反而会让局势恶化，最终导致自己和朋友都会挨揍。

我也观察到狮尾狒有类似的表现。一天，一只年轻雌狒狒因为离家太远挨了丈夫的打，雄狒狒站在它身边，怒气冲冲地呲着牙威胁它。雌狒狒的母亲在5码（约4.6米）之外的地方吃东西，事情一发生它就抬头看到了，但它却没有插手。最后，雄狒狒威慑的目的达到了，就转身离开，去别处吃东西。挨骂的雌狒狒垂头丧气地走回家，它的母亲轻轻咕哝一声叫它过去。

它转身走到母亲身边，母亲开始为它梳毛。当时，我明显感觉到雌狒狒的母亲不想与雄狒狒产生冲突（或许是因为它感到那样做只会使矛盾升级），但同时它又不想因为自己没有帮助女儿而影响母女关系，咕哝声和梳毛似乎是在说："真对不起。"

费兰斯·德·瓦尔把黑猩猩和猕猴的类似行为称为"和解"。你可以认为这是一种道歉，用以修复被成员无心之举破坏的联盟关系。和解行为一般包括梳毛、抚摸或其他身体接触。黑猩猩会彼此亲吻；猕猴则相互梳毛或者雄性狒狒会半抬起对方的屁股，伸手去摸对方的生殖器。然而，琼·西尔克（Joan Silk）、多萝西·切尼和罗伯特·赛法斯最近发现了动物口头形式的和解，与之前描述的狮尾狒和栖息在博茨瓦纳奥卡万戈沼泽的大狒狒的行为法类似。他们发现地位高的雌狒狒在接近地位比自己低,但又想与之交往的雌性时,会发出咕哝声,表示抚慰。更重要的是,比起那些没被它们恐吓过的雌性,它们更有可能朝那些它们欺负过的同类发出这种咕哝声,好像在说:"不用担心,我绝对没怀什么恶意。"

当联盟成为重要的社交策略时,雄性之间也会和解。就算一只雄狮尾狒打败了现任首领,接管其家庭,它的地位依然不牢固。它要把雌狒狒从现任首领身边夺走,必定是雌狒狒已变心。两只雄性将会有一场名副其实的提坦之战[1],两英寸长的牙齿,会给彼此造成永久性的损伤。不管战斗有多激烈,最后谁输谁赢都由雌狒狒决定,是它们最终决定是否抛弃现任丈夫投奔其对手的。即使它们的现任丈夫输了,它们也有可能继续支持它。对于挑战者而言,就算它赢了,雌狒狒们愿意抛弃自己的丈夫而投奔它,如果它还不如前任丈夫合它们胃口,它们同样会将其抛弃。总有大量观战的雄狒狒在一

---

[1] 指的是希腊神话中提坦神族与奥林匹斯神族为了争夺宇宙霸主地位而展开的一场战争。——译者注

旁伺机而动，只要有一丁点的痕迹表明雌狒狒对丈夫的忠诚有所动摇，它们就愿意一试，发起争夺战。

在这样不利的情势下，胜利的雄狒狒会尽快与战败的前辈结成联盟。两只雄狒狒可能会殊死搏斗整整一天甚至两天，但一旦胜负已定，战败者接受了最后的裁决，胜利者便会着手与之建立新关系，向对方示好。新来的雄狒狒会态度温和，几近温顺地对待战败者。起初后者当然对此表示怀疑，刚刚才被这个混蛋痛扁了一顿，此刻它正心酸疲惫，担心又会无缘无故被打一通。但是为了延续自己的血脉，它想留下来。孩子是它最后的希望，它想要照料自己的孩子，至少要到它们能够独自生存下去的时候。

因此这两只雄狒狒各取所需，初来乍到的雄狒狒想要得到老狒狒的帮助，以抵御其他狒狒的进攻（至少在最初它的地位还不稳固的时候），而老狒狒则想留下来保护自己的后代。它们在一两次试探之后，很快达成交易。和解还有一个简单的小仪式，就是后来者要撅起屁股，老狒狒则伸手去摸它的生殖器。接下来它们用战斗后仅存的力气为彼此梳毛。之后每当为保护雌狒狒而抵御外敌时，它们总会形影不离，并肩作战。

正是这些微妙复杂的交往让猿和猴的社会与众不同。就像在看肥皂剧时，我们也会随着剧情发展，有感于其中的尔虞我诈。所有这一切都是那么熟悉，让我们联想到自己身处的社会。这是我们灵长类祖先留下的遗产，是我们共同的进化经历。这对我们思维的构成方式产生了重要影响，反过来也影响到我们大脑的构造。

迂回的达尔文主义

1859年达尔文出版了其里程碑式的著作《物种起源》，彻底改变了我们对世界的看法。在近150年[1]后再次提醒你，自然世界是达尔文描述的世界，这看似很奇怪。可是至今达尔文学说仍存在广泛的误解，这些误解

1　截至本书成书时间1998年，余同。

不仅仅来自外行人，还包括很多研究机体生物学[1]以外的科学家。就连科学家都感到困惑，因此，还有48%（根据最新调查结果显示）的美国人依旧相信《圣经》创世纪的故事也就不足为怪了。

这一结论却与事实极不相符，事实是达尔文的进化论[2]被公认为科学史上第二大成功理论（第一是现代量子物理学）。它不仅能很好地解释为什么我们的生物世

---

1 生物科学可以大致分为三个研究领域。机体生物学家研究动物行为的突变特征，包括生态学、动物行为、人口生物学以及进化过程。超有机体生物学家则关注动物生命活动的过程，包括生理学、细胞生物学、解剖学和胚胎学。最后分子生物学家研究产生机体的化学过程。分子生物学是生物学研究的最新也是在某种程度上最成功的分支学科，主要关注DNA和遗传系统中的其他组成部分是如何构建细胞，创造生命的奇迹。尽管这三种生物科学领域都被统一在关于自然选择的达尔文进化论的框架之内，但各自需要关注的细节程度有所差别。机体生物学家可能会发现，缺少达尔文进化论的支撑，他们的研究就很难（或不可能）进行下去，而超有机体生物学家与分子生物学家倒不怎么需要达尔文的理论（他们之中甚至还有不少人试图在不损害自家学科的前提之下，选择相信反达尔文主义的论调）。关于进化的理论却不需要研究细胞如何工作，而细胞也是机体的一部分。外行人有时就会搞不懂，认为细胞生物学家可以不依靠达尔文学说进行研究，那达尔文一定是错的。毫无疑问，如果以达尔文学说为理论框架，细胞生物学家的研究可以进展得更好，但是没有它，至少到目前为止他们也能将工作进行下去。但是随着细胞生物学研究的不断发展进步，他们是否还能顺利推进工作还是个未知数。
2 严格来说现代进化论观点并不是达尔文的进化论，其中许多观点达尔文不会认同，也不可能了解。150年来生物学家以达尔文最初观点为基础产生了真正意义上最伟大、最全面的科学理论。

界是现在这样的，而且还能不断推陈出新，提出新问题，推动和指导实证研究。然而距达尔文首次提出其理论已经过去一个半世纪了，大部分人对生物世界的观点仍与达尔文出生前的18世纪所流行的观点一样。

达尔文进化论对于理解书中我所描述的案例十分重要，因此我有必要暂停一下我的故事，确保我们都弄清楚达尔文主义到底是什么。大众文学和普通小说对达尔文进化论的描述可能错误百出，很容易引起读者的误解（读者若已十分了解现代达尔文主义，可以跳过本章剩余部分直接阅读下一章）。

例如，大多数人惊奇地发现进化论一词最初并不是达尔文提出的。生物学家早在达尔文出版其著作之前就接受了进化的观点。18世纪下半叶，进化论就对圣经世界观发起了诸多挑战。人们接受进化论观点的其中一个原因在于，用进化论的观点解释生物多样性要比用传统的圣经故事更容易。早在1809年，法国著名生物学家让·巴蒂斯特·拉马克（Jean-BaptisteLamarck, deMonet, ChevalierdeLamarck，后代生物学家一般称他为拉马克）就提出了进化理论。达尔文的贡献不在于证明了进化论，而在于提供了解释进化发生原因的机制——自然选择。

拉马克的观点是基于亚里士多德的"存在之链"提出的,也被称为"伟大的存在之链"。这个从古希腊流传下来的观点是假设所有生命形成了一个自然等级,最底层是昆虫(实际上最原始的希腊版本说的是水和土地),接着是更高级的生命形式,如鱼、爬行动物和鸟类,再往上是哺乳动物和人类,最顶层是诸神。早期基督教会将这一观点稍加改动纳为己用,把上层换成天使,最顶层换成上帝而非古代诸神,这构成了后中世纪欧洲人眼中的生物世界。拉马克及其同时代的人都将这些观点纳入自己的理论之中,假设每个物种都是从最底层开始的,由于某种内部力量,经过漫长岁月的发展,逐级向上攀登。

达尔文完全颠覆了这些观点,坚持认为不存在自然进化的阶梯。事实上,包括人类在内的任何物种都没有高下之分。只有一条衡量物种的生物标准——那就是成功繁衍后代。细菌与人类一样"优秀",因为都能适应各自环境,得以繁衍生息。所有物种的命运不外乎灭亡或演化成新物种。但无论哪种情况,都是自然选择——

主要反映在个体存活以及更重要的繁殖能力上——在推动生物进化，而不是所谓的内部生理原理或拉马克假设的"生命力"。

我们在思考动物行为时，达尔文的理论带给我们两条重要启示。一是进化是由于动物为了适应环境变化的需求而产生的。地质学告诉我们地球气候从严寒到酷暑不断交替变化。例如，自恐龙灭绝6500万年来，地球平均温度下降了18℃。南极洲曾森林广布，但伴随着气候变化，动植物也发生了巨大改变。

气候变化大多是由大陆板块在地球表面漂移，其形状及分布发生了变化造成的。其他因素也产生了影响，包括地球与太阳的距离和地轴倾斜角度等长期变化因素。在地球45亿年的生命发展史中，曾发生过5次（也可能是6次）大规模的物种灭绝，导致几乎所有的生命形式都被毁灭[1]。那些少数存活下来的生命为今后一系列

---

[1] 越来越多（但依然有争议）的证据表明大规模灭绝与彗星和巨型小行星撞击地球有关。撞击产生的灰尘和水蒸气进入大气层，阳光无法到达地球表面，造成了类似于"核冬天"的效果。地球最后一次大规模灭绝发生在6500万年前，导致了恐龙的灭绝。

全新的进化发展提供了宝贵的资源，使得地球上的生命向新方向各自发展。

深海生物如鲨鱼（其诞生要早于恐龙）数亿年来几乎没有什么变化，而羚羊和人类（都起源较晚）却在较短的时间内，外貌发生了巨大变化，这很好地说明了气候变化推动了生物进化。与陆地环境不同，深海环境受地球温度变化的影响较少，因此深海生物所处环境与2亿年前祖先生活的环境并无多大差别。相反，陆生动物生存环境却由于气候与植被遭受的巨大灾难而发生翻天覆地的变化。

达尔文的理论可以解释这种变化，与拉马克基于物种的理论不同，达尔文理论设定进化的基本单位是个体[1]，而正是个体本身进行了繁殖，才能将自身特殊属性传递给下一代。早期生物学家将物种看作理想型（也可以说是克隆），达尔文及其同事只是把物种视为具有某些相同特性但有时会发生变异的物种的集合。潜在的变

---

[1] 严格地讲，如理查德·道金斯在书中《自私的基因》中提到的那样，基因才是进化的基本单位。进化发生是因为某种基因相比于其他基因，能更成功地传递给下一代。然而用个体比用基因更便于理解。

第二章　走进社交生活

异可以让物种发展演化，但是只有当自然选择产生有利变化时，进化才会发生。

另一个重要启示是，达尔文进化论认为现实生活中，一切进化都是要付出代价的。进化的产生不是自发的，而是要打破有机体原有体系带来的稳定性。有机体的某种生物形态发生改变总会付出一定代价。原因之一是变化会引发系统其他方面的失调。例如，个高的个体身体瘦长但行动笨拙，不利于躲避捕食者。其实任何变化都会消耗体能，个体体型越大，为维持身体运作所需的食物就越多。只有当变化利大于弊时，进化才能产生。如果改变毫无益处，那么改变要付出的代价便会发挥稳定作用，使个体维持现状。想要理解进化性演变，我们就要权衡任何行动所带来的利弊。

这当中也有例外，那就是有些特性不会直接受到自然选择的影响。例如，当同一基因的不同版本能产生相同效果时，这种变化不会面临自然选择的压力。在没有自然选择压力的情况下，一些基因特征发生变化不过是随机事件，碰巧影响个体繁殖后代的能力。因此，将种群一分为二地进行生殖隔离，在时间足够长的情况下，它们之间就会积累出微小的基因变化。20世纪70年代，日本遗传学家木村资生首次提出中性学说[1]，为进化生物学提供了宝贵的研究工具——只需要测定物种DNA突变的数量，再乘以自发突变发生的平均速率，就可以测定任何两个物种在多久以前曾共有相同的祖先。通过这种方法，我们知道在500万到700万年前，人类与黑猩猩有着共同的祖先。

最后还需要强调一点，许多人认为达尔文主义让人反感，是因为他们总是将其与社会达尔文主义（20世纪初引发了优生运动）和基因决定论相混淆。说实话，第一种困惑令人匪夷所思，因为除了名字，社会达尔文主义与达尔文主义并没有多大关系。社会达尔文主义主要是由社会哲学家赫伯特·斯宾塞（Herbert Spencer）提出的。斯宾塞则受遗传学创始人和反达尔文主义者弗朗西斯·高尔顿（Francis Galton）（讽刺的是，他是达尔文的表弟）的影响。不管达尔文自己是否支持社会达尔文

---

[1] 中性学说（Neutral Theory）认为分子水平上的大多数突变是中性或近中性的，自然选择对它们不起作用，这些突变全靠一代又一代的随机漂变而被保存或趋于消失，从而形成分子水平上的进化性变化或种内变异。——译者注

主义，那场优生运动的基本原理——保持物种的纯洁性——显然是基于拉马克学说的。实际上，到20世纪20年代，达尔文主义明显不再为社会达尔文主义提供理论支持。社会达尔文主义者（及在20世纪30年代兴起的纳粹）担心不能适应社会发展的下层阶级因繁殖速度过快，而降低人类的生存能力。但下层阶级却顽强地生存下来，尽管因贫穷死亡率极高，但他们仍快速地繁育后代，确保将基因传递给下一代。他们尽职尽责，努力使其基因更加多样化，让自然选择发挥作用，因此从长远来看降低了人类灭绝的可能性。

基因决定论之所以让人恐惧，是因为很多人将其当成了社会达尔文主义的现代版本。这个问题多半是由于信息失真导致的，有的时候是由于人们不愿去了解辨别。尽管在某些部分，进化生物学会涉及基因，但它对基因决定论并没有先入之见。动物的行为规则虽说是后天学习或文化中固有的，但其特征的形成原因仍是为了最大限度地释放自身基因的生存适应能力。动物的学习行为就是达尔文进化过程中自然选择的结果，其目的就是让不同的特性（这里所指的是基于行为规则的特性）

得以存活下来。动物根据过去的经验采取行动,并且考虑特定行为所产生的利弊。它们决定采取的行动或许受益于基因中内化的直觉,将生存适应性尽可能地激发出来,但它们并不会盲目顺从内心的直觉使自己失控。高等生物懂得审时度势、进退有度。在日常生活中,动物每天都会做出判断,其特定行为所获得的益处是否值得它们承担相应的风险。

达尔文主义就讲到这里,下面我们再回来讲讲猴子的故事。

第三章

Chapter 03

真诚的重要性

灵长类动物群体有别于其他种群是因为"事务繁多",它们清醒着的每一刻都有重要的事情要去做:一会儿是梳毛,一会儿是联手解决纷争,一会儿又在密谋一场精心策划的骗局。它们对周围一切保持密切关注,清楚地知道谁和谁在做什么。而这一切源于灵长类社会特有的长时间梳毛社交。虽然这种理解并不全面,但这对了解灵长类社会如何形成凝聚力和归属感产生关键的作用。

身体接触

梳毛社交会占据猴子大量的时间。大部分社会性较强的物种每天会拿出10%的时间为同伴梳毛，有些物种甚至会拿出20%的时间。考虑到四处觅食已然消耗了大部分的时间，这可以算是不小的付出了。

我们知道为同伴梳毛意味着愿意与对方结为联盟。在旧世界猴和猿类中，梳毛时间的长短大致与群体规模大小相关。例如，如果梳毛是巩固联盟的凝聚剂，为同伴梳毛的时间越长，那么联盟就越稳固。群体规模越大，联盟就越重要，那自然愿意花更多时间为同伴梳毛。但我们还不清楚为什么梳毛这么管用。

原猴亚目灵长类动物也会花大量时间梳毛。杜伦大学的罗布·巴顿（Rob Barton）教授已向我们证明了狐猴梳毛主要是为了保持卫生，因为给同伴梳毛的位置主要集中在头部和背部那些自己够不到的地方。这样的梳毛社交只是互惠互利的活动，即"你帮我挠背，我也帮你挠背"的活动。

从这一层面讲，梳毛只是一种愉快的体验。针对圈养猴子的研究表明，梳毛可以让猴子更放松，降低心率，缓解其他压力造成的外部表征，有时候还会放松到睡着。我们发现梳毛会刺激身体产生一种天然鸦片物质——内啡肽，从而产生轻微的麻醉效果。

脑啡肽和内啡肽（统称内源性鸦片物质）由大脑深层区域的下丘脑分泌产生。这种大脑自带的天然镇痛剂在日常生活中发挥着重要作用。脑啡肽和内啡肽的化学结构与鸦片及其衍生物吗啡的化学结构基本一样，作用也基本相同，都能抑制产生痛觉信号的神经通路。正因为吗啡等鸦片制剂与内啡肽化学结构相似，我们才容易对鸦片上瘾。在大脑的不同区域中分布着随时准备接收人工鸦片的内啡肽感受器，我们之所以不会像吸食鸦片和吗啡那样对内源性鸦片物质上瘾，是因为大脑产生的剂量较少。经过数千万年的进化，神经系统会确保只产生人体所需的量。不幸的是，有的人会人为地吸食大量鸦片来获得超乎寻常的麻醉快感。

镇痛系统对舒缓损伤疼痛有一定的作用，人体应对疼痛时会小心地做出适度的反应，镇痛便是其中一部分。痛感很重要，因为它提醒我们危险正在发生（或即将发生）。从进化的角度讲，疼痛发挥着警告功能，好让我们在没有受到严重损伤之前就将来犯者赶走（或自己撤走）。例如，皮肤破损后，神经系统将信息快速传递给大脑，大脑从而采取行动，规避危险。危险解除后，破损的皮肤依旧会疼痛，这时候就需要内啡肽发挥作用了。内啡肽的功能之一是抑制疼痛，确保你在危险解除后能够继续投入到更重要的事情中去。要是没有大脑的镇痛系统，你就只能一直在地上痛苦地打滚儿，却无济于事。麻醉物质是释放到血液中去的，需要时间来产生，也需要时间来输送，所以反应比较慢，不像神经系统的痛觉传导那样迅速。这是两套系统相互冲突时身体微调以保持平衡的又一案例。

在应对轻度而重复性的刺激方面，内啡肽系统的反应最明显。像慢跑那样有节奏的关节碰撞最能刺激内啡肽的分泌，让人们产生轻微快感。的确，长期慢跑的人会越跑越上瘾，一旦他们停止运动，就可能有以下症状：紧张、易怒，有时甚至会有轻微的战栗。

这种快感很容易触发，只要对身体重复性地施压就会产生这种快感。被关起来的动物常常会没完没了地走来走去，而最新的研究表明，这种行为会刺激内源性鸦片物质的分泌。我想，对困在笼子里的动物而言，这是缓解无聊的好办法。心理压力和身体压力对刺激内源性鸦片物质的分泌有着同样的效果，所以工作狂也许也会产生类似感觉。高度紧张的脑细胞活动与沿路慢跑时产生的作用相似，工作狂一旦停止工作也会出现停服鸦片的症状。

人体甚至还能预测对内源性鸦片物质的需求。马拉松运动员在赛事前一两天会分泌更多的内源性鸦片物质。女性在怀孕的最后三个月也会产生大量的内源性鸦片物质，为最后的分娩做准备。

内源性鸦片物质在人体中发挥着重要的化学作用。我们没有想到的是梳毛也会促进它们的分泌。研究表明，梳过毛的猴子会分泌更多的内源性鸦片物质。注射小剂量的吗啡就能够抑制猴子的梳毛活动，当大脑接收了少量鸦片物质，猴子便会对梳毛失去兴趣。如果给猴子注射小剂量能中和吗啡的纳洛酮，阻碍鸦片物质的自然分泌，猴子就会异常暴躁，不断让笼子里的同伴给自己梳毛。

梳毛之所以充满吸引力，是因为它背后有一种能促进放松和产生轻微愉悦感的机制。这就是猴子愿意花大量的时间来给彼此梳毛的原因，否则这项活动便毫无意义。尽管梳毛可以保持皮毛干净，但像狒狒、猕猴和黑猩猩等动物用来梳毛的时间却远远超过满足这一简单需求所用的时间。

因而，从进化论的角度来看，猴子用大量时间梳毛并不是为了产生快感。虽然梳毛产生的快感会让它们高兴得忘乎所以，但在捕食者众多的世界，这样做无疑是引火自焚。产生快感固然是驱使动物花大量时间梳毛的生理机制，但肯定还有更实在的原因推动这种进化选择的发展。这种背后动力也许是为了加深友谊。

自然选择过程中常常会出现像这样利用某种动机影响行为系统，来达到一些目的的情况。例如，鸭子和䴙䴘[1]在求偶时会给对方喂食或蹿入水中吸引异性。爬行类动物祖先进化成最早的哺乳动物时，原先下颌最后面

---

[1] 一种水鸟，形状略像鸭比鸭稍小，脚近尾端，翅短小，不善飞行，极会潜水，常成群游于水面，受惊即潜入水中。亦作"鸊鷉"，俗称"油鸭"。——译者注

的三块骨头变成了中耳里的听小骨。爬行动物原先下颌共有五块骨头，在进化为最早的哺乳动物时，前面的两块骨头合在一起形成与现代人类及哺乳动物一样的下巴，剩下的三块则慢慢变小，成为听小骨。听小骨把声波从外耳与中耳的接合处的鼓膜传送到耳蜗，耳蜗位于内耳，负责接收声音信号并应将其解码为神经信号传送到大脑。这个变化并不是那么不可思议的，因为爬行动物的下颌本来就是听觉系统的组成部分，负责把声波从地面传送给听觉器官。因此，哺乳动物借用下巴的骨头将其变成听小骨是件再自然不过的事了。

梳毛的动机与动物种群规模扩大和栖息环境越来越开阔息息相关。在日益开阔的栖息环境中，动物被捕食的风险更大，这直接导致了群体规模的增大。旧世界疣猴和新世界猴等树栖猴类一般生活在小群体中。狒狒、猕猴和黑猩猩倾向于生活在更开阔的地面，它们也因此面临更多的风险，捕食者更容易悄无声息地接近它们，又因为遮蔽的树木较少，它们难以寻到藏身之处。为应对这个问题，这些物种的体型一般进化得比普通灵长类动物的体型更大，并且更重要的是它们生活在大型群体中。

然而生活在大群体中也会带来一系列麻烦，要付出一些直接代价。例如，为了让每个成员每天都能吃饱，就需要开拓更广阔的区域来觅食，这就意味着活动范围加大，在开阔平原中被捕食的风险也就随之增加，跑的路更多，消耗的体能也跟着增加，这样就需要摄入更多的食物维持体能，需要更多的食物就要去更远的地方觅食……很快就会陷入恶性循环。当然，这一循环最终会停止，付出的代价不过是每天要花点额外的时间为家庭新成员寻找更多的食物罢了。

更严重的是，集群生活带来的间接代价，食物与栖息地的竞争日益激烈，动物面临的压力和骚扰也越来越多。大家都挤在一棵无花果树下，肯定都会去抢最好的果子。身强力壮的成员当然能称心如意，抢到好位置。剩下的动物就只能分到树的外围区域，那儿的无花果不仅数量少，质量还差（果实会有寄生的黄蜂或被松鼠啃过）。更糟的是，果树外围区域更容易遭到像食猴雕这类猛禽的攻击，总之，群体的外围绝对不是一个好地方。

大家都挤在最佳食物库或最安全卧榻，难免会引起相互"踩踏上位"的事件发生，这么说是种比喻，也是事实。老是被其他动物踩到头上，或者被支配欲爆棚的家伙紧盯不放，日复一日，"底层"的动物都承受着巨大的精神压力。你地位越低，生活的群体规模越大，那能欺负你的同类自然也就越多。对于地位最低的狒狒来说，生活在有30只到40只同类的家庭中，就算每天只被其他同类各欺负一次，那也够它受的了。

长期受骚扰会危害动物的身心健康。临床实验显示，心理压力同身体疼痛一样会刺激内源性鸦片物质的分泌，长期遭受骚扰会降低免疫力，会导致抑郁，增加患病风险。除此之外，还会对生殖系统产生意想不到的副作用，导致暂时性不育。

实验结果表明，我们之前提到的内源性鸦片物质也对青春期和月经周期有影响，尽管目前我们仍不清楚它们为什么会涉及繁殖生育这个问题。剑桥大学的巴里·凯弗恩（Barry Keverne）及其同事已证明地位低的雌性会分泌更多的内源性鸦片物质，从而导致不孕。可见，同伴的骚扰确实带来了很大的压力，加速了内源性鸦片物质的分泌，从而破坏了生殖系统。

目前，我们已弄清楚了这一内分泌失调的过程。大脑释放的内源性鸦片物质抑制下丘脑产生GNRH（促性腺激素释放激素），缺少GNRH产生的化学作用，脑垂体就不会分泌黄体生成素（LH），而黄体生成素可以刺激卵巢由分泌孕酮转为分泌雌性激素，帮助排卵。因此，内啡肽抑制GNRH分泌，产生卵子的一系列激素分泌都无法进行，就会导致无卵性月经的出现。这种月经看似正常（可能时间略长一些），但是卵巢不会排卵。

无卵性月经产生的巨大影响在狮尾狒身上可见一斑。我们对野生狮尾狒进行野外研究，结果表明，地位低的狒狒会遭受轻微的骚扰。平均每天每只雌狒狒会威胁它两次，一周下来会有一次威胁骚扰升级为严重的打架。即便如此，这也只不过是小打小闹，绝不会造成严重的伤害。然而就是这些看似无关痛痒的骚扰也会产生严重的后果：雌性狒狒的地位每降一级就会少生半个孩子。这看似也没什么大不了，但是如果你知道雌狒狒一生最多只能生五个孩子，就会明白这意味着它每降一级，就会减少10%当母亲的机会。如果一只地位最低的雌性生活在有十只雌性的群体中，那它可能患上功能性不孕。

地位低的狮尾狒月经周期会略长，我们猜测这可能是由于内啡肽的抑制作用引起的，但我们还缺少证据证实这一猜测。一个显而易见的现象是，地位低的狒狒遭受的骚扰更多。随后，我们的猜测得到了证实，科琳·麦肯（Colleen McCann）通过研究圈养在纽约布朗克斯动物园的狮尾狒证明了地位低的雌性会分泌更多的内啡肽，无卵性月经的出现也会更频繁。

美国威斯康星灵长类研究中心的大卫·阿尔伯特（David Abbou）提供了一个更极端的案例。狨猴和绢毛猴是产于南美洲的小猴，体重不超过半磅（约0.23千克）。它们的家庭包括一对繁殖后代的父母以及所有的孩子。因母亲长期压迫女儿，使女儿一直无法经历青春期，就像狮尾狒情况一样，未经训练的观察员根本察觉不到这种骚扰行为。但是日复一日，这种压迫足够打破女儿的自然发育规律，使之无法实现真正的性成熟。起初，女儿负责帮助母亲照顾刚刚出生的兄弟姐妹。后来，如果附近出现空闲领地，它们会离开父母过去定居。一旦远离父母的束缚，它们会立马度过青春期，在找到另一半之后，可能不到一周的时间就会成功受孕。

第三章 真诚的重要性 | 063

上述情况并不奇怪，毕竟我们都知道长期忍受轻度骚扰有多煎熬。这种折磨未必需要产生任何的身体接触，真有身体接触反而会好一些，可以打破心理的紧张感。而时不时地恶语相向，或是投来的厌恶眼神反而更具杀伤力。冷暴力让你心生焦虑，才会造成伤害。

人类也饱受因压力而引起的不孕不育的痛苦。这种情况在职业女性及不孕不育夫妇中最常见。从事高压工作（如媒体、金融业）的职业女性通常很难受孕，一旦没有了工作压力，这个问题便会迎刃而解。同样，在不孕不育夫妇最终万念俱灰，决定领养孩子的时候，奇迹也总会发生，用不了几个月，女方便会怀孕。因为当你决定要领养孩子时，迫切想拥有自己孩子的压力一下子就不见了，没有了压力，身体自然也就恢复正常了。小狒猴的情况也是如此。

我还需要补充一点，并不是只有女性才会因压力而内分泌失调。尽管我们对男性内分泌系统的研究较少，但也足够证明男性也同样受此困扰。精子库（用以储存人工授精所需的精子）中的"库存"大多是由医学院学生提供的。工作人员声称，他们可以判断学生是否快要考试，因为临近考试，学生压力加大，样本中的精子数量（每一单位面积内活精子的数量）会急剧下降。美国最近一项研究表明，与活动量较少的男性相比，每周坚持跑步超过60英里（约97千米）的男性精子量会显著降低。

遭受骚扰和面临竞争会对雌性生殖能力造成巨大伤害，必须得想办法解决这一问题，否则灵长类群体定会分崩离析，快速瓦解。如果雌性无法生育，那在群体中就毫无优势可言。解决之道便在于联盟，联盟可以助它们化敌为友，同时又能让它们继续留在群体里面。毕竟，集群生活的初衷是为了更好地生存，降低捕食风险。赶走同伴会让它们重新面临往日的风险。与同伴结盟既可以让自己少受骚扰，又不会把骚扰者赶跑。这样一来，群体本身实现了动态平衡，分裂的力量和团结的力量互相制衡。维持两种对抗力量的平衡是高等灵长类动物一项伟大的进化成就。

维系联盟关系对灵长类动物来讲至关重要，而梳毛在维系联盟关系方面发挥着关键作用。虽然我们并不清楚为何梳毛会这么管用，但它的确增进了盟友间的信任。

第三章　真诚的重要性 | 065

一方面，这是一种承诺：我愿意坐在这给你梳毛，而不是给阿方斯梳毛。毕竟，用10%的时间给同伴梳毛可是一笔巨大的时间投资。不管梳毛给你心理上带来多大的愉悦感，你愿意做出这样的承诺就表明了对同伴的忠诚。如果只是为了获得快感或保持皮毛干净，那谁都能当你的梳毛搭档。而长期固定的梳毛搭档则是表达忠诚最好的宣言。

另一方面，梳毛也需要你对同伴有足够的信任，这样你才能放心让它待在你身边，享受梳毛这一过程。此刻你完全处于放松状态，同伴随时有机会戏弄你一番。如果你打个盹儿，要是有捕食者或其他不怀好意的同伴靠近，那只能倚仗梳毛搭档来提醒你。

瑞典生物学家马格纳斯·奎斯特（Magnus Enquist）和奥托·雷马尔（Ouo Leimar）曾指出，任何高度社会化的动物都面临被投机取巧的搭便车者利用的风险，它们从你身上获得好处，承诺日后会回报你，但实际它们并不会那样做。两位生物学家曾计算过，群体规模越大、越松散，这种占便宜的计谋就越容易得逞。

问题的根源在于个体无法识破它们的谎言。在松散的大型群体中,"搭便车"者总能及时脱身。一旦它的盟友发现它不靠谱,并不能履行盟友的义务时,便会另寻他人结为联盟。群体那么大,它的恶行总得有段时间才能被揭穿,到那时,它早就逃之夭夭,搬到其他群体去故技重施了。

奎斯特和雷马尔认为要解决这一问题,就得设立联盟门槛,个体在加入联盟前要先有所表示。这样,"搭便车"者要是想加入其他联盟故技重施,首先得付出不小的代价。这样一来,它还不如在原来的群体中老老实实地待着,反正到别处也要付出不小的代价。奎斯特和雷马尔还认为,梳毛需要花费大量的时间,完美地符合了这一条件。此外,要和简一起梳毛就没时间和佩内洛普在一起,这样的梳毛模式也能避免想要"搭便车"的家伙"一脚踏多船"。

这种表示忠心的行为在动物中十分常见。研究最多的恐怕还是求偶喂食行为,在小鹂鹧、翠鸟、食蜂鸟等多种鸟类以及蝎蛉类昆虫当中都有这种行为。拿鸟类举例,雌鸟和雄鸟要一同孵蛋,或者幼鸟出生后要一起抚养。但是雄鸟有可能丢下雌鸟,让它自己孵蛋,然后溜

第三章 真诚的重要性 | 067

去和其他雌鸟交配。假设一只雌鸟产下五六只蛋，只能孵出一只雏鸟，而另一只雌鸟能孵出大部分的蛋，那么雄鸟抛弃旧爱与新欢一同养育后代也是值得的。而被抛弃的雌鸟要么独自抚养孩子，自求好运；要么前功尽弃，另找配偶。

为了避免上述的情况，在很多物种的求偶仪式中，雄性在交配前要先向雌性送礼，礼物通常是食物。雄性在交配前付出昂贵的代价，在雌性身上投入足够多，再要把雌性抛弃可就不划算了。抛弃雌性的代价是再捕获一份食物——有的是鱼，有的是田鼠——然后再找到未交配的雌性献殷勤，那还不如老老实实，安守本分。

猴言猴语

尽管梳毛是猴子维系、巩固联盟的主要手段，但却不是唯一的手段。猴子的发声功能也很发达，例如，南美洲的小狨猴和绢毛猴，它们在穿过盘根错节的下层树林觅食时，会一直叽叽喳喳叫个不停，叫声大多都是联系信号，确保它们的小家庭在穿越茂密的亚马孙丛林时不会走散。绢毛猴家庭规模十分袖珍，通常只有一对繁殖后代的父母，一两只成年帮手，最多加上四个孩子。即使这样，和松鼠一般大小的猴子（一只成年猴子仅有一小袋糖那么重）在草木丛生的树林中觅食时，也极容易走散。它们如小鸟般叽叽喳喳的联络叫声能帮助它们保持步伐一致。

许多灵长类物种，包括大部分的旧世界猴都会发出类似的声音信号。狒狒在开阔的林地觅食时，会时不时地发出沙沙的咕哝声。一直以来，这些声音只是被当作普通的联系叫声，就像是灯塔发出的亮光，告诉其他成员你所在的位置。

然而，20世纪80年代早期，美国灵长类动物学家多萝西·切尼（Dorothy Cheney）和罗伯特·赛法斯（Robert Seyfarth）怀疑长尾黑颚猴发出的叫声并不只是我们所听到的那样。他们将成年长尾黑颚猴的咕哝声录制下来，详细记录下不同情境所发出的声音，然后通过声谱仪（一种可以区分不同频率声能分布的仪器）分析动物的叫声，证明不同情境下发出的叫声在声音结构上有细微的差别。接近首领猴子时发出的叫声，与接近普通猴子时发出的叫声不一样；监视远处其他群体猴子时发出的叫声，与呼叫者离开藏身的树林走向开阔的草地时发出的叫声也不一样。

接着，他们把录音放到扩声器上并将扩声器藏起来，当发出叫声的猴子走远后，他们便播放录音。猴子的反应十分明显，它们听到不同的叫声会做出不同的反应。如果听到首领在附近的叫声，它们会立马抬起头来；但如果只是普通猴子在附近的声音，它们便不加理会。如果听到呼叫者监视远处猴群时发出的叫声，它们会盯着扩声器可能面对的方向看；如果是听到有同伴进入开阔区域时发出的叫声，它们会密切注视发出声音的扩声器本身所在的方向。然而因为我们人耳无法区别这些声音，所以此前的科学家也并没有发现其差别。

这些声音可不只是简单的咕哝声，其细微的声音结构中包含了大量的信息。这种情况与我们初到一个陌生国家一样，你听到的都好像只是没有意义的刺耳声音，完全听不懂他们在说些什么，更别提能分辨出单词。这一切听着都像是胡言乱语，但是你身边的人们正在做的事确实是合乎情理的，也是涉及交流沟通的。慢慢地，你有足够的耐心，花时间大量练习，学会了单词、词组和句子。然后再来听听，这一切都是交流沟通的杰作。复杂的概念被说话者传递给了听话者，人们能就深奥的形而上学的观点进行争论，也能背诵、探讨美丽的诗歌。

那么问题来了，我们对长尾黑颚猴声音的看法是不是反映出我们对其"语言"的一无所知呢？我们来到非洲大草原，站在长尾黑颚猴群旁边的时候，是不是也像不懂英语的人刚到英国一样呢？毕竟，儿童要用大概十年的时间才能熟练掌握一门语言。即使非英语母语国家的人学习英语时勤学苦练，几年后他的英语仍会磕磕巴巴，会犯滑稽幼稚的错误。我们是不是也自作聪明地以为研究两三个月，自己就能对长尾黑颚猴的咕哝声无所不知呢？即使一只小长尾黑颚猴都要花至少五年的时间认真学习成年猴子的叫声，仔细辨别细微的差别与隐含的意义，更何况是人类。

长尾黑颚猴在听到咕哝声时究竟听到的是什么信息呢？

过去十年来的研究已经清楚地表明，灵长类动物的交流要远比我们想的复杂。长尾黑颚猴能够使用叫声

第三章　真诚的重要性　|　071

明确分辨出不同类型的捕食者。它们能够区分捕食者是地上跑的豹子、空中飞的老鹰还是地上爬的蛇。针对不同类型的捕食者，它们会发出不同的叫声。切尼和赛法斯在一系列经典实验中表明，长尾黑颚猴能够根据扩音器发出的声音做出相应的反应。如果听到豹子要来的叫声，猴子会立马跑到树上。如果是听到老鹰要来的叫声，它们会一头扎进茂密的树丛。要是听到蛇靠近发出的警告声，它们会站起身子盯着附近的草丛看。它们不需要看到这些捕食者，不需要看到呼叫者因为看到了什么而激动，也不需要看到呼叫者到底有多激动。它们要做的只是识别声音中包含的捕食者的信息，就像你一听到豹子就知道豹子来了，不必等到有人喊"小心""救命"才意识到豹子来了。

其他种类的猴子和猿类也具有相似复杂的口头交流。狮尾狒家庭规模小而关系紧密，成员间会不断发出各种声调的哀鸣、呻吟及嘶嘶声进行交流。闭着眼睛听这些声音就好像是你坐在餐厅或酒吧的角落里，你能听见远处人群的声音此起彼伏，不同说话者轮番上阵，但你无法听清楚他们在说些什么。

当狮尾狒分散在不同地方进食时，它们会用各种声音与自己最喜爱的梳毛搭档进行交流，以保持联系。除了和朋友交谈，它们还会在梳毛的时候发出呻吟声和咕哝声来提醒对方。梳毛时，接受梳毛的狒狒总会放松身心地享受这一过程，慢慢就睡着了。过了一会儿，给它梳毛的狒狒累了，就会停下来，抬起肩膀或胳膊，告诉同伴该轮到它给自己梳毛了。在正常情况下，同伴会立马起身，按照要求帮它梳毛。但是有时候晒太阳晒得太舒服了，暖洋洋的，同伴可能就没有意识到梳毛结束了。这时，梳毛的狒狒就会发出轻轻的咕哝声，好像在说："嗨，轮到你了。"

雌狒狒生产的时候，幼崽会引起群体中其他雌狒狒的兴趣，特别是那些刚过青春期但还没有生育过的雌性。它们在靠近刚生下宝宝的姐姐或母亲时，就像个激动的孩子，说话声音忽高忽低，话一股脑儿地从嘴里全倒出来，明显可以听出声音中的兴奋之情。上面两个例子都说明声音是带有明显的情感含义的，这不是胡言乱语，是一种表达兴奋之情的真正的交流。

这些新发现引起了我们对"只有人类才拥有语言"

这一传统观点的质疑。语言学家和心理学家一直坚持认为只有人类才拥有真正的语言。当然，其他动物也会和同伴交流，也同样会与我们交流，例如，你家的小狗小猫想出去遛弯时就会这么做。但是语言学家坚信动物的所作所为仅仅是简单的交流，并不能称之为语言，因为它们的叫声不能表达抽象概念。大多数非人类物种的交流仅限于表达情绪，小狗兴奋时会汪汪叫，因为它们兴奋的时候呼吸系统会产生类似的声音。

20世纪60年代语言学家查尔斯·霍凯特（Charles Hockeu）提出18条定义真正语言的特性，其中最重要的4条如下：

（1）真正的口头语言具有指称性（声音可以指代物体）；

（2）真正的口头语言具有句法性（语言有语法结构）；

（3）真正的口头语言具有非象形性（词语与所指称的物体没有相似性，除了拟声词，如"哞哞"模仿牛的叫声）；

（4）真正的口头语言具有可习得性（不是与生俱来

的本能)。

这些标准可以用来区分真正的语言和动物的"语言",如蜜蜂"语言"。20世纪50年代,动物行为学家卡尔·冯·弗里希(Karl von Frisch)证明了蜜蜂在结束觅食旅程返回蜂窝时会向同伴交流蜜源的位置。卡尔·冯·弗里希发现觅食归来的蜜蜂会在与蜂窝垂直的上方跳8字舞。通过设计巧妙的实验与细致的观察,他证明了跳舞的速度表示蜜源距蜂窝的距离,8字与垂直方向的角度表示蜜源与太阳之间的方位关系。

我们惊叹于蜜蜂卓越的能力,认为这是大自然创造的奇迹。同时,这些惊人的发现也引起了语言学家与哲学家的深思。这算是真正的语言吗?如果算是的话,人类语言便不再是独一无二的。有些人提出了更极端的假设,我们是否也可以像杜立德[1]医生那样,学习与动物对话。

但冷静下来后,我们很快意识到蜜蜂的8字舞不能

---

[1] 影片《杜立德医生》中的主人公,讲述了一个会与动物交谈的古怪兽医杜立德医生为了寻找奇怪的动物的历险经历。——译者注

等同于人类的语言,那只是固定的表达,只能交流有限的具体信息。那也只是一种本能,我们十分怀疑蜜蜂是否"知道"自己正在说什么。

但也有观点认为动物也许拥有原始形式的语言,可以尝试教它们学习语言。早期的实验都集中在我们的近亲黑猩猩身上,个中原因显而易见。

猩猩学语

20世纪50年代有两项著名的实验,都是关于尝试教黑猩猩说话的。凯洛格夫妇和海斯夫妇(The Kelloggs and the Hayeses)曾经尝试领养幼年黑猩猩,将它与自己刚出生的婴儿一起抚养,给予他们同样的关爱和学习语言的机会。然而结果让人失望,海斯夫妇抚养的小黑猩猩维基只学会了五六个词,并且发音含混不清。更糟的是,黑猩猩不但没有向人类学习,反而教坏了自己的孩子。因为黑猩猩远比人类婴儿发育成熟得快,没多久它就开始调皮捣蛋,给海斯的孩子做了一个坏榜样。最后,海斯夫妇只得放弃这一实验。

大家也渐渐明白黑猩猩不可能学会说话，因为它们没有人类的发音器官，无法发出人类的语言。要想发出人类的语言，喉咙位置要够深，这样鼻子和嘴巴后面的共鸣室才有较大空间，同时还要精准地控制声带的震动。黑猩猩并不具备这种关键的发音器官。

20世纪60年代，人们认识到这一点，进而转变了实验方向。现已逝世的特里克茜·加德纳（Trixie Gardner）和她的丈夫艾伦（Alan）开始研究一只名叫瓦秀的年轻雌性黑猩猩。这次瓦秀学习的不是口头语言而是手语。加德纳夫妇知道黑猩猩无法开口说话，但认为黑猩猩也许能学会手语，毕竟野生黑猩猩本身就会用手势进行日常交流。加德纳夫妇选择了美国聋哑人使用的手势语言，让每个人都用手语与瓦秀交流，它就在这样的环境中长大。

瓦秀也确实创造了奇迹，最终学会了一百多个手语手势。但并不是所有人都买账，仍有几位心理学家和语言学家认为瓦秀只不过是在模仿它的人类看护员。他们指出瓦秀的许多手势不过是在做重复动作，通常需要人类的提醒才能完成。它很少能比划出超过两个手势的

"句子"（去除重复的部分后）。据说在它第一次看见天鹅时，曾创造性地比划出"水"和"鸟"两个手势，但这也不过是巧合罢了。批评家坚信瓦秀的所谓交流只不过是加德纳夫妇的主观臆测。

接下来的20年间，加德纳夫妇又花了大半的时间，在更严格的环境下测试瓦秀，以证明它能够使用手语。然而加德纳夫妇的反对者也想尽办法证明瓦秀所表现出来的只不过属于"聪明的汉斯"现象。[1]

20世纪70年代又兴起了几项新实验。其中两项实验仍使用美国手语（大猩猩可可和褐猿夏特科），还有两项研究避开了那些对加德纳夫妇的批评和质疑，教黑猩猩学习图像语言。心理学家大卫·普瑞马克（David Premack）用不同颜色、形状的塑料片来教黑猩猩萨拉（Sarah）和它的几个笼友学习语言。这些塑料片各自代表不同的单词（或概念），后面黏有磁铁，可以吸在金属板上组成句子。另一项研究是杜安·鲁姆博夫（Duane Rumbaugh）教两只黑猩猩奥斯汀和谢尔曼一种叫

---

[1] 也称为"聪明汉斯马效应"。

作耶基斯语（Yerkish）的计算机键盘语言，以此纪念当代比较心理学之父罗伯特·耶基斯（Robert Yerkes）。这种键盘上没有字母，是由不同颜色的图形组成的，每个按键代表一个单词。后来，休·萨瓦戈·鲁姆博夫（Sue Savage-Rumbaugh）同样将耶基斯语教给一只叫坎的倭黑猩猩，坎后来成为黑猩猩界的爱因斯坦和莎士比亚。

然而对语言能力的争论仍在继续。虽然萨拉和坎在回答问题或完成指令方面很聪明，但它们真的能像人类儿童那样使用语言吗？它们理解语法吗？它们明白像"比……大"这样的抽象关系吗？

我想可以说这些研究已充分证明黑猩猩能够理解一些重要的概念，懂得如何做加减法，理解基本关系（如"比……大""与……相同""在……上面"等），索要具体物体（大部分是食物），提出要求（去树林里散步或玩你追我赶的游戏）以及完成复杂指令（把罐头从冰箱拿出来，放到另外一个房间）。坎还能够将一种语言形式转化成另一种语言形式。例如，它能够把在耳机中听到的英语单词用键盘符号表示出来。这被认为是具备语言能力的重要前提，因为这代表具备了能将听力转化为口语的能力（当然也包括书写）。

尽管30年来，人们为训练猩猩使用语言付出了很多努力，但他们仅限于教会猩猩两三个单词的简单句，相当于两岁儿童的水平。尽管坎表现出卓越的语言理解能力，但它只能索要东西，执行指令，用一个词正确回答具有复杂逻辑关系的问题。它并不能像两岁的儿童那样毫不费劲地自己主动开口说话。两岁儿童会花大量时间单纯指认物体，如"看，妈妈，车！""是的，亲爱的，又一辆车……"，与狒狒交流时那种流畅自然的叫声相比，接受过语言训练的猩猩在交流时仍要花费一番力气，而且还略显生硬。也许在人类的语言阶梯上，黑猩猩充其量只是迈上了一个台阶，而不像我们所期待的那样站在了门槛上。那么猿类中的某一个物种后来是如何实现这一跨越的呢？要回答这个问题，我们恐怕要先明白人类语言有什么用，它们是如何演化而来的。

第四章

大脑、群体与进化

猴子和猩猩是公认的动物世界里的天才,从它们的古灵精怪、善于模仿、调皮捣蛋还有炯炯有神的双眼就能看出来。很早以前人类便发现它们具有人类的某些特质。因此,我们免不了会问:为什么偏偏就猴子和猩猩那么聪明?

为何猴子的脑袋大?

关于智力我们提出两个问题:一是何谓智力,二是如何测量智力。定义什么是智力一直是个棘手的问题。多年来，心理学家在寻找测量智力的合理方法上陷入了困境。

其实仅凭直觉给智力下定义并没有那么困难。大部分人都认同智商高的人能解决常人所不能解决的问题。爱因斯坦之所以被认为智商高，是因为他提出了相对论，而只有少数人能理解相对论是什么或者能跟得上他研究出该理论时所用的数学逻辑。当然心理学家也认同智力有多种类型。社会智力和科学禀赋不是一回事，自然也有别于小说家或音乐家的那种才华。尽管如此，人们坚信各种领域背后都有着一些普遍因素在发挥作用。20世纪初，心理学家将其称为"G因素"（一般智力），同时为保周全，他们还提出了构成智力的几项因素，即视觉问题解决能力、口头能力、计算能力和逻辑推理能力。

比起"何谓智力"这个问题，更为棘手的问题是如何测量智力，任何测量方法可能都只能测出一个人答题的动机或常识储备，而不是他的智商。心理学家花了很长时间才弄明白为什么有些人在传统智力测验中表现糟糕，并不是因为他们不如其他人聪明，而是因为他们阅读量有限。如果一项测试的前提是假设每个人都学过几何，那么它测量的必定只是人的教育水平而非智力。

尽管如此，人们还是普遍认同智力的存在的，只是智力在不同个体和物种之间会存在差别。问题主要在于如何设计一套能客观反映不同物种智力的测量方法。解决方法之一就是测量脑部大小而不是看具体测试的表现。

大众文化的普遍观点是脑袋越大越好，动物脑袋越大一定就越聪明，例如，人脑就比狗的大。但这种观点有时候又说不过去，例如，大象和鲸鱼的脑袋就比人的大，是不是说它们比人类更聪明呢？20世纪70年代初，心理学家哈里·杰里森（Harry Jerison）发现大脑的绝对大小并不能说明一切。大型动物的脑袋本身就大，因为它们的肌肉重量更大，所以其他身体器官也会相应变大。大型动物腿部肌肉多，要想迈出协调的步伐，就需要大脑发出更多的指令。

他认为我们应当关注的是大脑的相对大小而不是总容量。智力关注的是维持身体正常运转之外，大脑还剩下多少运算能力。为此，杰里森（Jerison）建议我们应当计算脑容量与体重的比例，大致弄清楚两者之间的关系，测量出大脑组织有多少是用于维持身体的基本运作，又有多少是用来处理问题的聪明才智。

杰里森绘制出了从恐龙到灵长类所有他知道的动物的脑容量与体重的关系。结果确实引人深思（见图4-1）。图4-1显示，按特定体重计算，群居动物脑容量数值要高于独居动物，鸟类的脑容量数值要高于恐龙和鱼类，哺乳动物脑容量数值要高于鸟类。更有趣的是，灵长类动物脑容量数值高于其他哺乳动物，而哺乳动物之间也有类似的差别。位于最底端的是有袋类哺乳动物（袋鼠和它们的盟友），再往上是食虫类动物（鼩鼱、刺猬等），然后是有蹄类动物（羊、牛、鹿和羚羊等），接着是食肉类动物（猫、狗、浣熊等），位于最顶端的是灵长类动物，而原猴亚目类（马达加斯加的狐猴和非洲大陆的婴猴）则略逊一筹，按体型计算它们的脑容量要比高等灵长类动物（猴子和猩猩）略小。

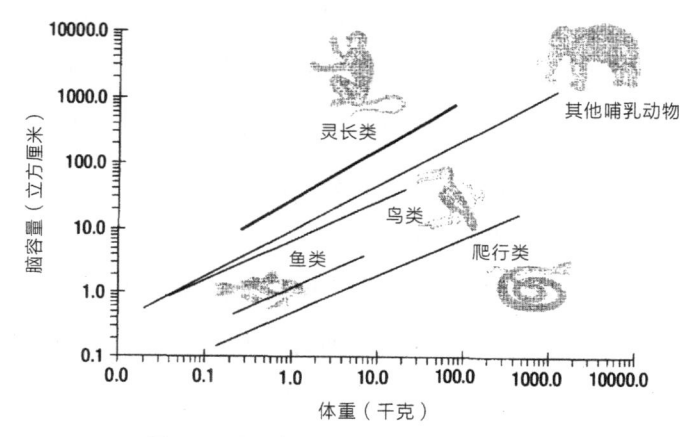

图 4-1 不同动物群体的脑容量与体重关系

注：当我们绘制不同动物群体脑容量与体重关系的图时，大部分动物群体的点都分布在各自的线上。按特定体重计算，灵长类动物的脑容量比其他任何物种的都要大，而爬行类动物的脑容量最小。请注意，图中的横轴、竖轴都是按对数刻度绘制的，脑容量与体重实际上是曲线关系，可见大脑发育与体重增加并不同步。用对数坐标来呈现数据的曲线关系，更加一目了然。

通过这样的测算，人的比例是一般哺乳动物的10倍。人脑容量大约为1600立方厘米，而同样体重的哺乳动物（55千克）的大脑仅有180立方厘米。更让人叹为观止的是，人类大脑甚至是食虫类动物的13倍。像鼩鼱、刺猬、鼹鼠这些动物都是6000万年前最具代表性的哺乳类小动物，所有现存的哺乳动物都由它们进化而来。

由此引发了一个基本问题：为什么有些物种脑袋更大一些呢？为什么灵长类动物的大脑偏偏比猫、狗等哺乳动物大？为什么有些灵长类动物（黑猩猩和人类）的大脑重量比例要比其他灵长类动物（如马达加斯加的狐猴和亚洲的叶猴）高呢？

20世纪上半叶，心理学家倾向于将智力视为抽象的推理能力。一种动物比另一种动物聪明并没有什么稀奇的，世界本就如此。然而，从生物学角度来看，这就讲不通了。大脑组织的发育和运转成本极高。人脑只占体重的2%，但却消耗了人体从食物中摄入能量的20%。脑组织如此耗费能量，绝不会是随机发育而来的。有机体拥有较大的大脑一定是因为有迫切的需要，否则自然选择一定倾向于大脑较小的个体，因为这样成本会更低。大脑较大的动物不得不花更多的时间进食，来为大脑提供能量（母亲则要提供更多的能量，不仅供养自己，还要供养自己的宝宝），这样它们面临的被捕食风险也就更大，更不要说在饥荒时期和食物匮乏时了。大脑较小的动物可以躲藏在安全的小角落里觅食，而这些可怜的"大脑袋"则要在外头专心寻找食物。这就存在着一个两难的问题，如果你专心致志地进食，那你就无法留意到悄悄接近你的捕食者；但如果你不时停下来检查附近是否有捕食者，那你进食的时间就更长，可能最后捕食者真的就来了。一定有什么重要原因才会使较大的大脑——这么昂贵的器官被保留下来。

20世纪70年代有一种观点认为，动物需要大脑来解决生活与生存的问题。一些动物需要更大的脑袋是因为它们生活的环境更加复杂。因此，猴子、猩猩等食果类哺乳动物需要比牛、羊等食草类哺乳动物有更高的大脑重量比例。因为果实分布不均，今天有明天可能就没有了。而树叶则到处都是，充裕得很，即使有些叶边儿泛黄，那也足够管饱。因此，四处找果子吃需要有更大的脑袋，而吃草就不需要，因为草叶分布均匀而且到处都有。

越来越多的证据表明，最初驱使灵长类动物（对比其他哺乳动物而言）进化出超大脑袋的动力确实与色彩视觉有关。鸟类和哺乳动物因为有色觉而更容易在一大片树叶中找到果实。灵长类动物的色觉系统要比其他哺乳动物发达，自然也就需要更强的大脑能力。然而，灵长类动物食用果实虽然解释了为什么它们的脑袋比其他哺乳动物大，却不能解释同样都以果实为生的灵长类动物之间的大脑容量也存在差异。

20世纪80年代末，还有一种观点认为，灵长类动物大脑容量超乎寻常是因为它们的社会行为特别复杂。社会复杂性是灵长类动物智力发展的关键，过去30年间有几位动物行为学家都注意到了这一点，但他们都没有深入研究。直到1988年，英国心理学家迪克·伯恩（Dick Byrne）和安德鲁·怀特（Andrew Whiten）提出了今天我们所知道的"马基雅维利智力[1]假说"。

伯恩和怀特认为，灵长类动物的社会性群体之所以有别于其他物种，是因为猴子和猩猩在彼此交往中能运用复杂的社会知识。它们能根据同伴的行为推断其将来的行为，然后运用这些推断来建立彼此的关系。他们认为其他动物则缺乏这种能力，只能用更简单的规则来组织社会生活。例如，猴子和猩猩知道吉姆和约翰的朋友

---

1 在认知科学和进化心理学中，马基雅维利智力（也被称为政治智慧或社会智力）是个体在社会团体中成功参与政治的能力。——译者注

关系会对自己和约翰的关系有影响，所以在知道吉姆是约翰的朋友后，它们就不会再找吉姆帮忙去和约翰作对了。而其他动物，只能搞清楚自己和吉姆、约翰之间的关系，还有可能去找吉姆帮忙对付约翰。

20世纪80年代末到20世纪90年代初，以上两种假设一直水火不容。很多人认为马基雅维利智力假说难以测定，无法提供确凿的证据，而生态学假说却能找到大量支撑的证据。例如，同为灵长类动物，食果类的大脑要比食草类的大，并且大脑较大的灵长类动物的活动范围也更广阔。

到了20世纪90年代，再回过头去思考这一问题，我发现在早期分析中，各种影响因素混杂在一起。食果灵长类动物的活动范围要比食草类大，理由很简单，果实比树叶分布得更散、更广。但是，至少有一些食果灵长类动物（如狒狒和黑猩猩）的体型本来就比食草类猴子的大，通常也生活在更大的群体中。体型大的物种倾向于以吃水果为生，因此活动范围较大，大脑和群体规模也更大。这就使得几个影响因素之间的关系更加错综复杂。例如，这些物种活动范围大是因为它们是食果类动物，而它们是食果类动物是因为它们脑部更大，它们需要更大的大脑又是为了维系大型群体。

脑容量、体型、活动范围及以果实为生这四个变量完全掺和在了一起，因此我们难以确定任何两个变量之间的关联是单纯的某种结果，还是各自都受到另一变量的影响。我们要想办法验证各种假说，以此确定在排除其他因素后，哪一个假说与灵长类动物脑容量变化最为相关。

还有一点非常重要。我们此前的分析都基于整个大脑的容量，可是回顾灵长类动物的进化史，我们可以发现，从狐猴等最原始、体型最小的物种进化到更高级、体型更大的人类，并不是整个大脑的容量一并增大。此外，心理学家也指出头脑并不像全能的电脑那样，任何一寸大脑组织都能胜任各种任务。实验结果表明，头脑中包括各种不同的模块，分别完成不同的任务。每个模块都与大脑不同的位置相关，例如视觉、语言、运动控制分别位于大脑的不同区域。

哺乳动物大脑由三部分组成：原始大脑——我们几乎原封不动地从远古祖先爬行动物那继承下来；中脑

和皮层下区域——主要负责感觉统和及机械运动；皮质——脑部外层区域，是哺乳动物所特有的。灵长类动物的大脑大致上也是这么布局的，但有一点却与众不同，那就是比起哺乳动物，灵长类动物的新皮层面积发生了显著变化。可以说新皮层是大脑的"思考"区域，能产生有意识的思维。新皮层相当薄，只有五六个神经细胞的厚度（大约3毫米）。这层薄薄的神经组织包裹着哺乳动物的内层大脑，负责接收神经元并将其传送到大脑各区域。大多数哺乳动物新皮层的面积占总脑容量的30%～40%，而灵长类动物则从原猴亚目类的50%至人类的80%不等。我认为，我们要研究的是新皮层而非整个大脑，因为新皮层不仅是灵长类动物（尤其是人类）大脑增大最显著的部分，而且还负责思考和推算等智力活动。

依我看，没有任何明显的生态指标影响着灵长类动物新皮层面积的大小，例如，食物中果实占的比例、领地大小、每天外出觅食的距离或饮食的复杂程度（是否得费劲地从地底挖出食物）。但是，群体规模确实与新皮层面积存在关联，这是当时我所掌握的衡量社会复杂性的指标之一，并且数据匹配度很高（见图4-2）。为了避免各种变量的干扰，我在统计时排除了体型大小的差别这个干扰项，发现群体规模与新皮层面积的关联依然存在。

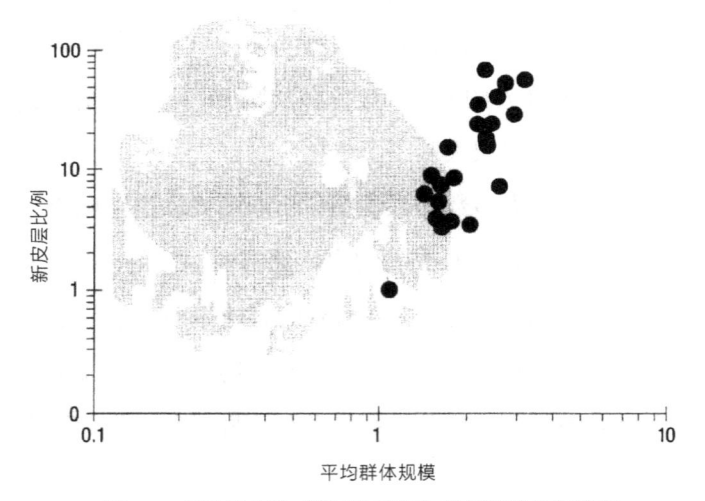

图 4-2　各种类人猿（猴子和猩猩）的平均群体规模和新皮层面积之间的关系

注：新皮层比例是指新皮层体积与其余大脑容量的比值，这样可以避免体型差异引起的新皮层面积差别。图表的横轴、竖轴都以对数尺度表示两个变量之间的线性关系。

我用群体规模来衡量社会复杂度基于两个原因。首先，野外工作调研者总会记录并提供关于这方面的确凿数据。因此，我能轻易地获得大量灵长类动物的群体规模数据。要严格验证一个假说，不能靠定性观察（如一个物种比另一物种更复杂），因为我们很容易自欺欺人，只看到自己期待的结果。我认为黑猩猩的社会复杂性要比狒狒高，而你未必认同。因此，我需要大家普遍认同的量化指标而不是简单的推测。

其次，还有一个重要原因是群体规模越大，社会复杂度也就越高。灵长类动物社交生活的典型特征是动物能够识别其他成员之间的关系，例如，吉姆与约翰的关系以及约翰与我的关系。这样一来，随着群体规模的增大，群体的社会复杂性也会呈指数级上升。在一个有5个成员的群体中，我需要搞定与其余4个的关系，同时我还得留意它们4个当中俩俩之间的6对关系。如果一个群体有20个成员，我不仅要盯着其余19个，还要了解它们彼此之间的171对关系。这种情况下，群体规模扩大到原来的4倍，我与其他同伴的组合数也大致增长到4倍，但是其他成员之间的组合数量却增长到将近29倍。尽管这只是一个粗略的算法，但群体规模确实反映出社会动物所要处理的信息量。以上分析显然为马基雅维利智力假说提供了支持。进化过程中对大脑袋和超高智商的青睐，确实与灵长类动物需要维系大型群体有一定关系。

愈演愈烈

第一次发现群体规模与新皮层面积之间的关系时，我以为这是灵长类动物所独有的。很多同事认为，只有这一规律在另外一种物种身上得到验证，他们才会信服。发现灵长类动物身上的这种规律也许只是幸运的巧合，如果我能够证明其他物种也是如此，那么便会增加这一说法的可信度。

我的回应是，只有像灵长类动物这样具备类似社会体系的哺乳动物群体才会存在这种规律。换言之，只有其他物种的社会生活也涉及复杂的联盟，才会出现新皮层面积与群体规模之间的关联。为了解决生存难题，其他物种的大脑也会进化，但是马基雅维利智力假说认为灵长类动物的进化过程中还涉及其他方面。众所周知，这种复杂的社会关系是灵长类动物所独有的，因此我确信只有灵长类动物才会出现群体规模与新皮层面积的关联。

然而科学总是出人意料的。我的同事、杜伦大学的罗布·巴顿（Rob Barton）教授的一封来信让我开始质疑自己的结论。他发现，相对于生活在松散群体中的蝙蝠，拥有稳定社会群体的蝙蝠的新皮层面积更大。最有意思的是一个关于声名狼藉的吸血蝙蝠的研究案例。美国生物学家格里·威尔金森（Gerry Wilkinson）等人对这些蝙蝠的行为及生活状态进行了实地研究，结果表明尽管吸血蝙蝠总是单独觅食，但它们仍是高度社会化的动物。外出觅食回到栖息地后，它们就像迷你的灵长类动物一样花大量时间相互梳毛，它们大多数时候都有固定的梳毛搭档。若梳毛搭档外出觅食时没有找到吸血的对象——实际上是舔而不是吸——蝙蝠便会反刍部分血出来给搭档舔食。同样，受恩者也会在朋友没有找到食物的时候伸出援手，报答几天前的赠食之恩。吸血蝙蝠之间形成紧密的联盟，互惠互助，而这一关系的凝聚剂就是梳毛社交。这与猴子和猩猩的做法如出一辙。更有意思的是，在所有蝙蝠中，吸血蝙蝠拥有的新皮层面积最大。

这引发了我们的思考，我们开始收集其他哺乳动物脑部大小的数据，但事情并没有那么简单。我们能够轻松获得灵长类动物的数据要感谢德国一间实验室的工作人员，这间实验室是由解剖学家海因茨·斯蒂芬（Heinz Stephan）领导的。那里的工作人员将灵长类动物的脑部切片，一层一层地研究大脑不同的区域。这项工作单调乏味，让我望而生畏。但是，工作人员的这番努力最终得到了回报，为我们提供了独一无二的数据库。尽管当时标本有限，每一物种只有一两个标本，而且200多种现存的灵长类动物中，我们只有70多种的标本（斯蒂芬的标本使用的是动物园中自然死亡的动物）。

但是我们还是设法找到了足够的食肉类动物的数据。食肉类动物很适合做研究，像狮子、狼和猎狗等大型物种都是昼行性社会动物，便于生物学家研究。研究结果让我们又惊喜又困惑，在新皮层面积与群体规模关系的图表中，食肉类动物位于前端。从社会性角度来讲，食肉类动物只能算是灵长类动物中的"小脑袋"。这是一个令人满意的结果，表明了所有哺乳动物的社会生活都有着共性。我们再也不需要把灵长类动物看作特例了，它们不过是哺乳动物发展的自然结果。这种连贯性总让生物学家感到高兴，因为特殊案例需要大型突变来解释，这让他们犯难，因为从统计学上来看，这种大型的突变违背了基因运作的本质。

这些发现又引发了一个有意思的问题，那就是新皮层面积与群体大小之间呈现何种关系。目前我们所有的分析都基于这样一种假设：动物在瞬息万变的社会中要时刻跟上节奏，就需要知道谁参与进来了，谁出局了，谁与谁是朋友，以及谁是当下最佳的盟友。在社交的旋涡中，这些东西总在变化，一天一个样。动物需要时刻关注这些情况，根据每天的新发现不断更新自己的社交地图。

但是也存在其他可能。例如，新皮层面积与群体规模的比例所反映的可能是关系的质量而不是数量。马基雅维利假说本身也暗含这一点，它认为要理解灵长类动物的大脑容量进化，关键在于理解它们是如何运用关于其他动物的信息的。

两种解释都有可能。一种基于联盟对于灵长类动物社会生活的重要性。也就是说，大脑容量与群体规模之间的关系，实际上反映了大脑容量与联盟规模之间的关系。动物群体需要日渐扩大的联盟来维持更大群体的稳定性，说明这种与群体规模相关的关联性不过是这一现象的连带结果。

另一种则直接源于马基雅维利假说，认为庞大群体的形成不仅因为动物能够掌握同伴之间的层层关系，还因为更复杂的群体可以平衡各种利益的冲突。换句话说，不仅仅在于知道吉姆和约翰的关系怎么样，还要把三组关系都处理好。要记得它们俩是不是朋友很容易，但要把吉姆和约翰都哄高兴则困难得多。

年轻的日本灵长类动物学家工藤宽子（Hiroko Kudo）到过我在伦敦的研究小组，我们讨论过这些问题。我同我的研究生山姆·布鲁姆（Sam Bloom）开始收集关于各种灵长类动物的联盟规模的数据。第一步"定义什么是联盟"就把我们难住了，更不要说怎么计算联盟中的动物数量。在现实生活中，联盟通常只有在发挥作用时才体现出来。举个典型的例子：一只猴子遭到了挑衅，它的盟友会立马冲上来帮忙，这时挑衅者便会知难而退，一切又平静如初。要不是它们大吵大闹，人类观察员很可能会错过上述情景。显然，光靠从文献资料中找这类突发情况，很难有深入的发现。我们当然能找到许多这样的记载，但科学家出版的书和发表的文章中都是定性描述，怎样才能确定各个物种中这些行为发生的相对频率呢？

当然，还有一种可能。正如我们在第三章提到的，灵长类动物每天都会相互梳毛，清理皮毛中的杂物，借此放松身心，好好享受一番。同样，在第二章我们提到这种长时间的相互梳毛并不是随机发生的，只有建立长期关系的动物才会定期为彼此梳毛。只有朋友之间才会这样，熟人之间就不会这样。熟人之间梳毛通常很快完成，应付了事，毫无耐心可言。

其他证据也证明了梳毛是为了联盟的说法。罗伯特·赛法斯和多萝西·切尼的研究证明了野生长尾黑颚猴更可能去关注最近梳过毛的对象发出的求救信号。另外，我自己对野生狮尾狒的研究也能证明，相对于那些几乎没怎么一起梳过毛的狒狒来说，梳毛搭档更有可能在发生冲突的时候为彼此撑腰。

由此可见，梳毛可以巩固联盟关系，我们应当更多地关注梳毛行为。对于我们来说，灵长类动物的梳毛活动十分普遍又极容易观察，野外工作者随时可以记录梳毛频率，并以此分析研究动物的联盟类型。

我们整理了群体中所有成年成员梳毛频率的文献资料，并提取了24个物种的数据。我们先计算出梳毛圈子的平均规模，即经常在一起梳毛的动物的数量。接着我们将得到的数据与新皮层面积和整个群体规模关系制成图表。正如我们所料，梳毛圈的平均规模与以上两个因素密切相关。

研究结果表明：群体规模越大，动物难免会遭欺负，为了避免这种状况，它们便会形成越来越大的梳毛圈子。似乎这就是大脑计算能力增强的主要原因，以确保灵长类动物形成长期、紧密的联盟。

虽然运作的具体细节我们仍不清楚，但是大致框架开始形成。马基雅维利理论好像说得通，那么又一个显而易见的问题诞生了。

人类社交圈又如何？

考虑到灵长类动物新皮层与群体规模的关系，那么同为灵长类动物的人类是否也适用这一规律呢？分子生物学的最新研究表明，从基因相似度来看，黑猩猩与人类关系最为密切，再往下才是大猩猩。既然脑部大小与群体规模的关系适用于黑猩猩，那我们当然期望人类也是如此。

人类的社交圈规模是多大呢？人类新皮层的比值4∶1，如果把这一数值放到图4-2中，我们可以推算出人类社交圈的规模是150人。

我们的第一反应肯定是表示怀疑。毕竟像东京、伦敦、纽约、加尔各答这样的城市，人口动辄就上千万，人们社交圈的人数怎么可能只有150人。

但是，请记住图4-2所说的是怎样的群体关系。灵长类动物群体规模相对较小，就算只是混个脸熟，并没有什么私交，大家也都彼此认识。人类聪明无比，可以创造超级大都市，但这并不意味着每个人都关系密切，大部分东京人和纽约人，可能一辈子也不会知道都是哪些人与自己生活在同一城市。

现代人类社会确实没有多长的历史。最早的城市出现在3000年前左右，而早在15万年前现代人类就已诞生，可以称为人类的智人在40万年前就已出现。在1万年前农业出现之前的漫长历史岁月里，我们一直过着小型狩猎采集者的生活，游荡在树林之中寻找猎物。也许，我们应该先去看看那些依旧过着传统狩猎者生活的现代人类社会。仍有许多民族在非洲南部的荒漠、澳大利亚及南美洲的森林里过着狩猎采集者的生活。

一个世纪以来，人类学家对这些小型社会进行了大量细致的研究。当然，这些社会都在保留过去两百年土著文明的基础上，受到了西方现代文明的影响。但是，尽管他们的世界观发生了变化，枪支和雪地摩托车取代了弹弓和狗拉雪橇，但他们依旧保留了有文字记录历史之前就存在的传统生活方式，特别是他们的群体模式几乎与过去无异。

这些社会的典型特征就是它们都是一层一层规模越来越大的社会组织。在最底层的是有30人到35人的临时夜营地，总共包括五六个家庭。这些基本都是生态群体，不同家庭临时聚集在一起，方便汇集资源、合作狩猎、寻找食物。最顶层的是最大的群体——部落，一般有1500人到2000人。这些部落则是语言群体，部落成员说着相同语言。

在这两种规模之间还存在一种大约有500人的群体，被称为"大氏族"（mega-bands）。再往下分还有更小的群体，经常被称为"氏族"，氏族较以上提及的群体来说规模更稳定，平均有150人。

我们认为氏族格外引人关注是因为他们经常与某些仪式相关。例如，澳大利亚土著居民的氏族每年都会聚在一起，为成年男性举行成人礼，缔结姻亲，通过重温古老仪式、讲述祖先传说与精神世界的故事来增强集体认同感。氏族成员知道彼此血脉相连，他们能准确识别出谁的曾祖母是谁的曾叔祖母，谁的表妹又是谁的侄孙女。

这些氏族就是我们要寻找的目标吗？他们不仅规模符合我们的要求，而且具有与猴子和猩猩一样的社会属性。要想成员之间不仅能叫上名，还能清楚彼此的人际关系，氏族看上去是符合以上条件的最大的群体规模了。

实际上，150人这个数字还有更有趣的属性。例如，按照传统狩猎采集者社会及农业社会的生育频率，一对夫妇在四代人以后所有在世的子孙后代（包括妻子、丈夫和儿女）加起来差不多是150人。有意思的是，在族谱里，从你这代人数起，往前五代人就能追溯到你的曾祖母，或者是与任何在世的家庭成员有过接触的人。换言之，就是任何家庭成员所能确定的特殊关系，只有在这些关系限定的圈内，你才能搞清楚谁与谁是表亲关系，谁又只是熟人。

但是，证明小型狩猎采集者社会中存在这些群体是一回事，证明所有人类社会都具有这些特征又是另外一回事。那农业社会、大型工业社会，以及我们现在科技更加发达的社会又会是怎样的呢？结果表明，大部分社会都具有类似规模的社会群体。根据房屋数量推算，人类学家认为在公元前5000年左右，最早在近东地区村庄生活的农民有150人。而当今分布于印度尼西亚、菲律宾及南美洲的现代种植园村落的人口规模一般也是150人左右。

也不是只有欧洲以外的农业社会这样划分群体。近400年来，胡特尔人（Huuerites）以集体农场为基础，过着宗教激进主义者的生活。他们起源于欧洲，目前居住在达科塔和加拿大南部。尽管各个家庭不住在一起，但他们一起干农活和家务，一起进行公社活动，财产也是共有的。他们社区的平均规模也就100多人，一旦社区人口达到150人，他们就会把超出的人口组成新社区。在我们看来，他们这样做是有原因的。胡尔特人说一旦社区超过150人，仅凭同辈压力很难去管理社区成员。在小群体中，农场角落传来的一句轻声劝告就足够让浪子回头，但是在大群体中，你的好言相劝很可能会遭到嗤之以鼻，甚至会引祸上身。

社会学也有一个由来已久的原则，社会群体规模一旦超出150~200人这个区间，其结构等级就会越来越分明。小型社会群体一般没有这样的结构等级，全凭个人关系推动社会交往。群体规模越大，要管理的人越多，就越需要层级结构，例如，要有负责指挥的领导，要有确保遵守社会规则的警察。这同样也是现代商业机构一条不成文的规则。人数少于150人的公司组织相对松散，员工只需要私下交流，确保信息有效沟通即可。但是，大型公司就需要正式的组织架构和管理人员，确保每位员工都能清楚自己负责什么，向谁汇报工作。

这一发现引起了人们的重视，我便着手寻找各种例证，其他人也纷纷加入这一行动中。下面这个例子是美国灵长类动物学家约翰·弗利格尔（John Fleagle）在参观盐湖城摩门教博物馆时发现的。当年杨百翰（Brigham Young）率领摩门教徒逃离伊利诺伊州，途中建立了盐湖城和摩门教的犹他州。在准备迁徙时，他发现要率领5000个信徒一同逃难基本是个不可能完成的任务，于是他决定将这5000人分成一个个小组，各个小组独立活动，以保证最高效地完成任务。最终，他选择每组的理想人数是150人。

长期以来，社会学家认为每个人的熟人圈都是有限的。即使是在一个不大的城镇，一个人能叫上名或混个脸熟的人只占身边人的一小部分，那些他足够了解，能算得上真正朋友的人就更没有几个了。想要估算这样一个朋友圈的规模并非易事，但"六度人脉"实验却成功做到了这一点。这项实验之所以叫这个名字，是因为实验结果发现，一般只需要6个步骤便可以通过个人的人脉关系联系到世界上任何地方的任何一个人。假设有150个人认识另外150个人，通过6个步骤，你就能联系到150的6次方个人，相当于10万亿人。这可比现在整个地球人口还多得多。当然，大多数人的朋友圈是有重叠的，因此在完成这六步之后可以联系到的人要远远少于这一数字。即便如此，假如一个人的朋友圈有150个朋友，那么两个朋友圈之间不重叠的人数只要有32人，就能联系到所有人。

20世纪80年代曾有人尝试用这种方法估算人们熟人圈的人数。方法如下：被试者可以"设想"一个人，将一条信息通过自己的朋友手手相传，传给世界某个角落里这位"设想"出来但真实存在的人。首先被试者把信交给一位亲友，这位亲友可能会凭借自己工作或人脉关系开始进行传递。这个任务可能是把信交给32岁的胡安妮塔，一位住在墨西哥城的银行职员，或者是交给55岁的吉姆，一名住在悉尼的宾馆夜班门卫。被试者在自己的熟人中寻找工作上能搭上线的朋友。例如，爱德华叔叔是一名飞行员，他或许能拜托要飞往墨西哥城的同事，到了墨西哥城，就能托人把消息传到那家银行。又或者他们有个叫苏珊的朋友，在一家与澳大利亚矿业有来往的跨国公司上班。苏珊就可以让去悉尼出差的同事帮忙带信过去，再通过当地的人脉关系把信送到吉姆手中。

被试者要接连不断地拿到几百个这样的任务。一开始，每一个任务都会出现一个新的熟人名字在有可能与目标人物建立联系的名单里，但后来名单里新加的人越来越少，直到最后没有了。这个时候，被试者已经用尽了自己所有朋友和熟人圈的人。要注意朋友和熟人的定义是什么，这一点对我们来说很有意思，朋友和熟人代表着你觉得自己与他们关系足够好，可以开口请他们帮忙。在美国不同城市进行的这两个"小世界"实验，结果都是135人左右。这与我们预测的150人十分接近。

教堂会众人数也是个有趣的例子。受英国国教委托完成的一项研究表明会众最理想的规模不超过200人。这是一个折中的数字，既能保证人数足够多来完成教堂活动，又能确保每个人都能相互了解，建立关系紧密、互帮互助的小团体。

军队也很好地体现了人类群体规模的大小。众所周知，军队等级森严，上下级分明，士兵会被纳入规模越来越大的单位，依次是排、连、营、团、旅、师等。这种部队单位很有趣，因为他们承担着巨大的选择压力。在战场上，军人的性命取决于这些单位能否高效部署行动。这主要靠信任，每个人都要在大的作战计划中发挥自己的作用。

最小的独立军事单位是连。起初是由一个人率领一队独立的人员，经过16世纪的战事，后来慢慢发展成为军队的基本组成单位。他们常组成一队雇佣兵去卖命，既是一个作战单位也是一种生活方式，一群志同道合的人结成松散的集体，一帮小伙子待在一起，至少在某种程度上算是享受彼此的陪伴。

早期军队连的规模和战斗力都不尽相同，大多要看领导人的财力。17世纪的三十年战争期间，瑞典国王古斯塔夫·阿道夫（Gustavus Adolphus）改组传统军队结构，固定连的规模并将其作为基本作战单位。起初一个连有106人，根据之前我们从灵长类动物脑部大小与群体规模的关系推算出人类群体规模为150人，106人正好是误差允许范围的最低值。几个世纪以来，连一直都是军队战斗的基本单位，随着武器装备（如重机枪）不断升级，军队功能（总部、医疗队）逐渐增加，连的规模也在稳步扩大。19世纪末，现代军队组织都大同小异。"二战"期间，连队规模一直保持在170人左右（英国人数最少，为130人；美国人数最多，为223人），人数都在我们之前预测的150人的误差范围内。

这表明，多年来军事计划员摸索出了一条准则，要保持军队战斗力，作战单位人数不能超过200人。我认为这并不只是将军如何在后方指挥协调的问题，虽然"一战"以来通信技术不断进步，但连队人数一直固定在这个范围，并没有变化。经过几个世纪的反复试验，计划员发现一旦人数超过200人，士兵对彼此不够熟悉，就无法互相协作，发挥军队的战斗力。

人数不超过200人，士兵之间可以相互信任，可以面对面直接交流，这样军队就可以直接口头传达命令，违反军纪的行为能够得到有效控制。但是如果人数超过200人，这种情况是不可能出现的。忠诚不再基于人与人之间的信任，只能靠效忠"军团"或效忠"女王"这种大而虚却不能鼓舞士气的概念来维系。命令也不再基于信任，由认识的人传达。命令只能是由上级长官亲自签署才能生效。以前，军事指令下达还需要长官的签章并且有封蜡密封。但是，在一个连队里，口头传达就足够了，大家彼此熟悉，起码他们知道有一个人可以给其他人担保。

当然，想要玩数字游戏支撑自己的理论是很容易的。但是这些数字都集中在150人左右还是很引人注意的，尤其是我所讨论的案例都基于社会动力学[1]。此外，这一结论与那些所谓基于认知和心理的人类群体规模理论大相径庭。

有一个典型的例子是共情群体规模，是指你能即刻与之产生强烈共鸣的人。实验要求人们列出一个名单，假如名单上的人第二天去世，你会为此悲痛欲绝，这一名单人数是十一二人。类似的，要求人们列出好友的名单，如那些你每月至少联系一次的亲朋好友，这一名单人数是10人到15人（英国也发起过两个此类型的调查研究）。像陪审团、政府的内阁成员、教会信徒、大部分团体运动项目运动员的人数都惊人地相似，这些都是

---

[1] 社会动力学纵观的是人类理性和人类社会发展的先后必要阶段，所叙述的是这一基本秩序在达到实证主义这一最终阶段之前所经过的曲折历程。可见，社会动力学是从社会纵的方面，动态地研究社会的变迁与进化的。——译者注

需要成员之间紧密配合行动的团体。

这些"共情"小组显然与我们之前讨论的150人"新皮层"小组不同，也和那些你能叫得上名来的人不同。有证据表明我们最多能记住1500人到2000人，远远超过了我们之前说的150人，而这一数字与狩猎采集者社会的部落规模大致相同。该案例说明这一人数上限取决于我们的记忆能力，而共情群体和新皮层群体规模则受人们情感的影响。

总体来说，这些结果表明人类社会内部产生的自然群体规模大致是150人。这些群体并没特定的功能，不同社会功能各异。实际上这是因为一旦超过这一范围，人脑便无法同时处理好一定程度的关系。150人代表了个体建立亲密关系的上限，你了解他们，并十分清楚你们之间的关系。换言之，他们就是那些你碰巧在酒吧遇到，能够在一起喝酒却不会感到尴尬的朋友。

因此这样看起来，即使身处现代社会，人类的社交圈也并不会比典型狩猎采集者社会的社交圈大到哪儿去。虽然我们生活在纽约、卡拉奇这样的大城市，但我们和那些生活在美洲中西部平原或东非大草原上的祖先相比，认识的人的数量并没有更多。从心理角度来看，我们只不过是更新世的狩猎采集者来到了20世纪的政治经济社会。

这些都让我们想到一个有趣的问题。梳毛似乎是维系灵长类动物情感的主要纽带。我们不能确定梳毛是怎样发挥作用的，但我们知道梳毛的频率与群体规模成正比，即群体越大，成员用于维系彼此情感的时间就越多。

如果是这样，我们就得面对一个问题。规模最大的（按照一个物种的平均值）群体是由50只到55只狒狒或黑猩猩组成的群体，它们在保证不影响生存所必须投入时间成本的活动下（外出觅食及进食时间），用于梳毛的时间已经达到上限。那如果人类像其他灵长类动物一样，梳毛是唯一巩固其社会关系的手段，根据猴子和猩猩梳毛的时间推算，人类则每天要花40%的时间。不错的想法吧，带来几乎持续不断的快感。

然而，任何物种想要在现实世界生存下去（与去超市扫荡，囤下一周的食物不同），就不可能投入那么长的时间在梳毛上面，否则会被活活饿死。由此我们想到人类建立和维持关系的手段。我们的祖先肯定也面临过这样进退两难的局面，既要不断扩大群体规模以应对无休无止的生存压力，又要考虑时间成本，限制群体规模。

想要破解这个两难的局面，显而易见的方法就是使用语言。我们确实也是靠语言来建立、维系彼此的关系的。那么语言有可能进化为一种声音形式的梳毛，替代传统灵长类动物的社交机制梳毛，从而维系更庞大的群体吗？

语言确实具备两个特点，以确保人类能够维系更大的群体。其一，我们可以同时与几个人交谈，这样就增加了我们联系的频率。如果交谈和梳毛具有同样作用，那人类至少可以同时给几个人一同"梳毛"。其二，相比猴子和猩猩，语言可以允许我们在更大范围内彼此交流信息。如果猴子和猩猩梳毛主要是为了建立信任，了解盟友信息，那么语言更有优势。我们可以通过语言谈论自己的喜好、为人处世等个人信息。通过语言，你可以在不知不觉中向他人表露自己是个多么可靠、多么值得信赖的朋友。

感情是微妙复杂的，因为你虽然投入一段感情，但并不能保证会得到同样的回应。你有可能会被"搭便车"者欺骗，他们只是利用你的好心肠牟利，然后在你最需要帮助的时候抛弃你。因此，擦亮眼睛，挑选可靠的盟友在斗智斗勇这场永恒的战争中变得尤为重要。你如何描述自己，甚至是你说话的方式，任何的细节都有可能成为别人衡量你是否有诚意做朋友的依据。我们要了解那些谈论某些事情的人，以此判断自己是要亲近他们，还是要远离他们。

语言还有一个无价的好处，就是让我们可以彼此交换他人的信息，节省了我们亲自去了解他们为人处世的精力。而猴子和猩猩就只能靠自己观察。也许只有目睹你如何对待盟友，我才能知道你多么不靠谱，但这种情况毕竟少见，我不可能每次都能有机会识破你的真面目。但是，假设我们拥有共同的朋友，特别是那些与我利益相关的朋友，他们跟我说起你的所作所为，可能会提醒我，你并不是值得交往的朋友。因为彼此利益相关、荣辱与共，人们不愿意看到自己的亲朋好友被人欺骗。假设我为了救一个混混丢了性命，那我的朋友亲戚就损失了一个盟友，以及他们这些年在我身上投入的一切。因此，从各个方面来看，语言都是理想、廉价又高效的梳毛替代品。

传统观点认为，语言进化是为了确保男性能更高效地协调合作，如狩猎。这是一种"告诉你湖边有一群野牛"的语言观。还有观点认为，语言进化是为了讲述有关超自然神力或部落起源的传说。无论是从人类学、语言学，还是从古生物学的角度来看，我们或多或少都被这些观点洗了脑。而我的观点则完全不同，我认为语言进化是为了让我们更好地闲聊八卦。

第五章
Chapter 05

机器中的幽灵

语言还有一个更奇妙的用处,那就是用来吟诗作赋。稍后我会详细地探讨一下歌谣,但是现在我想探讨的是诗词,它为我们提供了一个独到的视角,帮助我们了解语言是如何运作的。请细读下面这首诗:

> 一朵炙热的花朵
> 煽起了智慧之火
> 并乞求着
> 得到黑暗力量的救赎

此刻她将要压垮我赤裸的意志

逼我跌入绝望之境

不可思议的是,这首诗是由电脑程序RACTER编写出来的。

RACTER是纽约电脑爱好者比尔·张伯伦(Bill Chamberlain)编写的程序。1984年该程序创作的一系列诗歌和短文结集成书,以《警察的胡子一半是建造出来的》(*The Policeman's Beard is Half-Constructed*)为名出版。

这本书之所以与我的理论密切相关,是因为这样一个事实:电脑并没有自主意识,它不知道自己的行为是什么。确实,电脑不像人类那样会刻意去做某件事,例如,人可以坐下来,尝试写一首诗。电脑程序只是把一些词按照语法规则拼凑起来。

RACTER程序包含一部英语词典,可以明确每个单词是何词性,是名词、动词、形容词,还是副词等。RACTER会随机在词典中选出一个词,检查它是否能与前一个词搭配,如果两个词搭配在一起不符合语法规则,那么程序会继续尝试其他词,直到找到合乎语法搭配的那个词，然后将其加入句子之中，接着继续寻找下一个。

让人意想不到的是，此程序创作的作品确实读得通，而且还挺连贯。平心而论，这些文字虽然有的地方略显生硬，但读者稍微包涵一下也能读出点意思，其中的诗歌还算可圈可点。这本书的确在一些格调高雅的报纸上也出乎意料地获得了好评。我认为，这件事凸显了语言到底在多大程度上是用来交流的（一个人主动尝试去影响另一个人的思维方式）。人类的思维本身似乎就是建立在假设他人试图和自己沟通交流的基础之上的。我们并非仅仅按照别人的表面意思来解读他人的肢体语言、信号和话语，而是揣测他们的弦外之音。当一个人的话前言不搭后语（但却合乎语法规则）时，你就想竭力弄清楚"他到底想表达什么"。换言之，我们认为每个人说话做事都有自己的目的，我们花大量时间揣摩他人心思，就是为了猜测他们的意图。我们就是这样看待世界的，自然也很容易认为其他动物世界甚至无生命的世界也是如此。

尽管这种想法对于一般人来说再自然不过，但哲学家和科学家总是对此小题大做，他们对意识的概念抱有相当大的顾虑，并坚称这是人类独有的产物。这一切都始于生活在17世纪、拥有深远影响力的法国哲学家兼数学家勒内·笛卡尔（René Descartes）。

笛卡尔的困境

笛卡尔对那些能用来开门、演奏乐器的机械装置有着浓厚的兴趣，并亲自动手设计和制作了一些模型。这些模型引发了他对哲学的重大思考。如果人类设计的这些模型都能够如此精妙地运作，那么我们应当小心地检视这种观点——人类因动物行为表现出来的用心，就认为其拥有精神生活。我们知道，人类拥有内在精神世界是因为人类可以开口表达出来，而且他们所表达的与我们自己所经历的产生了共鸣。但动物不会说话，因此我们可以合理地推测，它们不像我们那样有着思想（或灵魂）。动物也有喜怒哀乐，但这可能只是它们对刺激的机械反应。

笛卡尔告诉我们，人明显有别于其他动物。人类有思维，而动物虽然聪明伶俐，极具迷惑性，但它们只不过是机器。这一观点不仅影响了我们如何看待动物，同样影响了我们怎样对待它们，包括它们的合法地位与权益。我们所禁止的以人为对象的实验，却可以用动物来代替。300多年来，人们所谓的笛卡尔主义一直影响着医学研究。

19世纪下半叶，人们关注的焦点又回到了动物行为上。达尔文进化论将动物与人归为同一范畴，这无疑让他和许多同时代的人重新看待动物的情绪与思想。人类行为与动物行为有诸多明显的相似之处，那么人与动物的情绪有同样的起源似乎也显得合乎情理了。

可惜的是，关于动物行为及其心理状态的信息资料，达尔文及其同时代的人能获取的来源多少都是受限的。他们的研究依据大多来自自然历史学家的观察，以及他们自身未经考究的经历。他们的书中充斥着这样的描述："某某上校跟我说，他最喜爱的那只猎狐犬曾经……"基于这些观点而得出的结论越来越夸张，对这些观点的反驳也势必会出现。20世纪初，认为动物（甚至是人类）有思维的观点得到了人们的一致认同。这一观点认为，虽然我们看不到思维，但是我们能观察到行为，与其猜测毫无依据的心理活动，不如把思维科学的研究对象限定为可观察的行为，因其能够被独立证实。心理学上的行为主义学派就此诞生，并且从20世纪初到20世纪80年代在心理学界独领风骚。

行为主义为发展心理学做出了巨大的贡献，它敦促人们在研究现象时秉持更审慎的态度。从某种意义上讲行为主义的确遏制了维多利亚晚期过度主观的臆测。多亏了近一个世纪以来心理学家在实验室里进行的大量实验研究，以及过去半个世纪以来对野生动物行为学的研究，我们今天才得以重新审视笛卡尔认为动物只是机器的这个观点。

15年来，人们一直在寻找关于动物心理状态的证据。我们学会了如何更好地提问，想方设法从那些不会说话的人或动物身上套取答案。尽管还不能下最后的定论，但是现有足够的证据表明，事情远比笛卡尔想象得复杂。

过去10年的研究结果显示，核心问题在于心理学家所说的心智理论（Theory of Mind，ToM），这是一个让人疑惑的叫法。心智理论意味着我们可以理解他人的想法，理解他人的信仰、欲望、恐惧和希望等，并猜想他人确实正在经历这种心理状态。我们可以设想这样一种自然的等级体系：你有你的心理状态（对某件事的看法），我可以针对你的心理状态形成自己的心理状态（对一种看法的想法），如果你的心理状态正在思考我的心理状态，那我们便可以说"我知道你认为我相信某事是这样的"。现在这种等级体系通常被称为意向层级（orders of intensionality）[1]。这样一来，便大致上有了下面的层级划分。

电脑等机器属于零级意向，它们无法感知自己的心理状态。可能人类在昏迷时也处于零级意向状态，大部分昆虫及其他无脊椎动物也属于这一级别。笛卡尔的名言"我思故我在"问世以来，我们就有了一级意向状态（我认为某事是这样的）。此后，我们开始陷入这种无穷无尽的回问：我认为你认为某事怎样（二级意向）；我

---

[1] 为了与传统的意图（intention）相区分，这里的意向（intensionality）在英文单词拼写中是"sion"而不是"tion"，意图只是意向的一种。尽管有些人倾向于不对两者作区分，但为了避免产生歧义，我仍然保留这一做法。

第五章　机器中的幽灵　｜　123

认为你认为我认为某事是怎样的（三级意向）；我认为你认为我认为你认为某事是怎样的（四级意向）；以此类推还能继续说下去。显然，层级较高的意向常常被称为"读心"。

我们有理由相信人类至多能跟上六级意向，超过六级人们可能要记下来。哲学家丹尼尔·丹尼特（Dan Danneu）说过这样一句话："我猜[1]你在想[2]我是否知道[3]你费多大的劲儿才能确定自己明白[4]我是否说的是[5]你承认[6]我相信[7]你是想要[8]我解释为什么大多数人只能跟得上五六级意向。"

与这个绕来绕去、让人不知所云的句子相比，维多利亚时代小说家写的散文简直是简洁的典范。实际上，这个句子包含八级意向，我已经用方括号标注出来了。如果不是把这个句子写下来，我们无论如何也搞不清楚说的是什么了。即使我们写在纸上，我们也得略过几处绕来绕去的地方才能读懂这个句子说的是什么。我敢打赌没几个人能重述这些心理状态，或者读到最后还能记得最开始进行推测的是谁。我并不是盲目自信。我和同事彼得·金德曼（Peter Kinderman）、理查德·本托尔

（Richard Bentall）曾用包含不同级别意向的故事对人们进行测试。与此同时，我们还利用类似的故事来测试他们，这个故事的内容包含六个因果相连的简单真实的事件。对于故事中单纯需要记忆事件的问题，人们通常会犯一些小错，并且不论整个故事涉及的事件多长、多复杂，他们的出错频率一直都很稳定。而对于包含意向级别的测试问题，尽管在三级意向的故事测试中，他们的表现大致相似，然而，一旦故事内容超过三级意向，他们所犯错误的数量便成指数上涨。当故事的意向层级上升到五级时，相比其单纯记忆事件的测试，测试者犯错的数量是其五倍还多。

这些结论都表明，要想完成心智理论任务是多么困难，并不是所有人都能拥有高级意向也就不足为奇。20世纪80年代早期，心理学家开始怀疑心智理论不是儿童生来就有的，而是后天习得的。

研究结果表明，四岁到四岁半对儿童来说是一个关键的分水岭。他们好像突然意识到其他人的想法可以与自己的不同。直到这个时候，儿童才开始去解读世界（以及他人对世界的看法），而不是看到什么就是什么。

他们无法想象世界如果不是他们看到的这样会是什么样子，因而也不会意识到你和他们的想法、观念会有不同。他们认为你看到的也是他们自己看到的，你们解读事物的方式是一样的。

这就导致了一个结果：儿童三岁前不会说谎（或者至少说谎也会露出破绽）。也就是说，他们并未意识到你的心理状态和想法是可以被操控的。三岁左右的儿童就知道如果自己极力否认偷吃了很多巧克力，你基本会相信他，但是他还不知道残留在嘴角的巧克力会出卖自己。几个月后，儿童习得了心智理论，他们就能操控你的想法使坏。

心理学家研发出"错误信念测试"来检测心智理论。测试提出了一个关键问题，即儿童能否意识到他人可以产生错误的信念（或起码是儿童认为错误的信念）。一个经典的错误信念测试被称为"萨利和安测试"（Sally and Ann test）。实验人员把两个玩偶带到孩子面前，并告诉他们玩偶的名字分别是萨利和安。他们向孩子展示萨利有糖果，并让萨利将糖果放到了椅子坐垫的下面。萨利把糖放好后（需要孩子的帮助），离开了房间。随后，安把糖果取走放到了自己裙子口袋里。萨利回到房间后，孩子会被提问"萨利认为糖果在哪里？"，四岁前的儿童无一例外，都会回答"在安的口袋里"。但是，到了四岁半以后，他们会回答"在坐垫下面"，接着会狡猾地笑着说："但不在那里哦。"还有一个经典的测试，被试儿童看到一管巧克力豆，这种巧克力豆在英国叫聪明豆（Smarties），在美国一般叫玛氏朱古力豆（M&Ms）。当儿童被问他认为里面装有什么时，儿童的答案肯定是"聪明豆"。把盖子打开后，被试儿童看到里面装的并不是自己期待的聪明豆而是几支铅笔。最后，儿童被告知自己的好朋友也将来到这个房间，要回答盒子里面是什么，那么被试儿童认为自己的好朋友会怎样回答呢？年纪不超过四岁的儿童都会回答"铅笔"，但是四岁多的儿童意识到别人的观点能够与自己的不同，因此他们会回答"聪明豆"。

尽管我们认为儿童心智理论出现得很突然，但实际上这是心智实验长期发展的结果。儿童在很小的时候就意识到世界上的其他对象是可以为自己效劳的。他可以问其他对象要自己想要的东西，有时候甚至能通过不停地吵嚷啼哭来要挟，直到最后对方忍受不了满足自己的要求。儿童不断经历各种事物，总结出有些对象是有生命的，有些则没有。最开始，他们无法准确区分人和玩偶，他们认为玩偶具有和人类一样的意志品质，但随着经历的增长，他们就能区分开来。

到了三岁左右，儿童进入到所谓的"信念/愿望心理学"阶段。他们意识到他人也和自己一样，会有需求和愿望。在接下来的一年里，他们会在这个基础上，弄明白别人是怎么为人处世的。对儿童来说，这是一个非常复杂的任务，他们自然会犯一些错误。现在我们很清楚，对于儿童来说，理解社会远比认识物质世界困难得多。

这一发现完全改变了著名心理学家让·皮亚杰（Jean Piaget）的发展理论。近半个世纪以来，皮亚杰的理论一直主导着人们对儿童智力发展的看法。他致力于解释儿童怎样认识世界。与其他同时代的人一样，皮亚杰认为是大脑负责处理有关世界的信息，因此对于儿童来讲最难的是理解世界的奥妙。他认为除此之外的其他问题都好解决。

皮亚杰看到儿童在社会领域表现得如此卓越，便误以为这些才能无关紧要。显然儿童在一开始就能毫不费力地掌握这些。皮亚杰的误解也是可以理解的，那个时代很少有人意识到我们的世界到底有多复杂。对儿童来说，掌握社会技能是十万火急的事情，关乎其生存。在早期只要像视觉和听觉这些次要的功能发育完好，而其他更复杂的任务，例如，理解数量和体积守恒——皮亚杰十分看重这方面——则可以缓一缓，等到儿童弄清楚身处的社会迷宫之后，再解决这些复杂的问题也不迟。

除了我们还有谁？

当然，皮亚杰的观点并不都是错的。例如，他指出儿童一开始是以自我为中心的，此后逐渐开始采纳别人的观点，打破以自我为中心的世界观。尽管皮亚杰的表述有所不同，但他对这方面的理解基本正确。我们并不是生来就具有心智理论的，而是随着时间推移，逐渐习得了心智理论，慢慢能够理解他人的感受与想法，并在我们的社会交往中运用这一知识。所以如果我们以成年人的表现为标准来定义何为人类，那严格来说，婴儿直到四岁以前并不能完全被称为人类。

更引人关注的是，有些人永远无法发展心智理论。我们现在称这些人患有自闭症，尽管这一症状很久以前就存在，但直到20世纪40年代才被首次确认。自闭症患者的损伤程度各不相同，他们大多为男性，表明这一病症有遗传因素。有些人损伤严重，终身无法发育语言能力，也不能与他人进行社会交往。有些人虽能发展语言能力，但却不愿与人交往。其中程度较轻的病症被叫作阿斯伯格综合征，患此症者除了在社会交往中表现出的冒失举动和偶尔的古怪行为，与常人无异。只有最细微的心理测试才能检测出这些人可能未发育出健全的心智理论。

自闭症患者主要有两种缺陷：一是始终无法通过错误信念测试；二是明显缺乏参与假装游戏的能力。心理学家艾伦·莱斯利（Allan Leslie）曾提出这两个特征彼此紧密相连。因为他们意识不到其他人会持有错误信念（或至少他们认为是错误的信念），也无法想象别人的世界或者是不同于现在的世界。这就导致他们无法参与虚拟游戏。例如，他们不会玩过家家，洋娃娃是没有生命的，它们怎么可能像真人一样。他们不会装睡来捉弄别人。同样，他们也不会故意说谎，因为说谎时你知道别人并不完全知情，而他们意识不到这点。自闭症患者只认为世界是公开明了的，他和自己的观众都知道同样的信息。

实际上，自闭症患者只能从表面来认识世界。这就导致他们无法识别隐含在语言之中的丰富含义。下面是一位自闭症患者的母亲讲述的一个经典案例。她准备去拜访住在马路对面的邻居，出门前告诉自己患有自闭症的儿子，如果他过会儿也想过去，记得把门带上。差不多过了一个小时他真的原封不动地照做了，把前门拽下来带了过去。

这个故事告诉我们，解读对话中的含义很大程度上取决于倾听者重构说话者想法的能力。自闭症患者就无法做到这一点，因为他们不能意识到他人内心的想法可能有别于他们自己所使用词语的一般含义。事实是，几乎我们所有的对话都有隐喻性质，或需要听话者来解读。通常我们所说的话都是电报式的，只提供了说话要点，听话者能够自动补充完整，以此来理解我们所说的话。下面这个经典的例子涉及我们日常对话经常需要的深层次解读：

男方：我要离开你。
女方：她是谁？

很明显，根据语境以及说话人的过往经历，男方的话可以有多种不同的合理解释。但即使是这么简短的对话，我们也能立刻正确解读出女方回应话语中的隐晦含义，立马就能脑补出所有细节，并检索出可能相关的大量背景信息。

自闭症患者做不到这一点。患有轻度阿斯伯格征的人往往能够设法应对各种社会情境，因而能够通过错误信念测试，但他们却无法像我们一样去解读别人的心思。他们处理问题的方法是心理学家弗朗西斯卡·哈佩（Francesca Happé）所谓的"破解它"（Hacking it）。换言之，他们像正常智力的人一样聪明，能够总结出规律，这样他们十有八九能凭经验在社交场合做出正确的决定。但他们只知道这样做行得通，却不知道为什么。下面这个关于音乐的类比可能会帮你了解他们的问题。尽管我非常喜欢音乐，但我几乎是个音盲。当我听到莫扎特的《降E调小夜曲》时，我能辨别出来，但说实话我并不能告诉你它是降B大调、A小调还是升G调。但要是一位音乐家，即使是他第一次听到这个音乐，也能立马知道这是哪个调。我懂得识别一串音符组成的曲调，但我不知道为什么这个音调叫降E调，而且就算我知道也没什么用。无论怎么努力，换首别的曲子我又听不出来了。阿斯伯格征患者也是如此。

我记得一位患阿斯伯格征儿童的母亲观察到，她的儿子在12岁左右时，才意识到人人都有朋友而他自己没有。他并不知道怎么结交朋友，朋友是需要从商店买来，还是简单对一个人说"你是我的朋友！"就行。遇到这样的境况让人心碎，因为我们无法让他明白，建立正常人际关系所需要的基础是深厚的情感。他们不能理解这些情感，也不知道它们是如何发挥作用的。如果患者听到我在这段话开头的第一个句子里用了"观察"这个词，他们会感到困惑：那位母亲到底看见了什么？但值得注意的是，这些人除此之外与正常人并无差别，智力上有时甚至会超出一般人。例如，阿斯伯格征患者一般擅长数学，可能是因为他们能清楚地思考抽象问题，不受情感等其他无关因素的困扰。

在这一结合点上有一个显而易见的疑问：在意向层级方面，其他动物与我们相比会是怎样的？我们是独自遨游在思想的宇宙中吗？还有其他物种与我们一样吗？最有可能与我们一样具有心智理论能力的物种在我们的近亲猿类之中吗？

人们意识到心智理论在某种意义上是理解人类思维的关键，那么猴和猿在意向层级方面的表现有何区别呢？这自然引起了人们极大的兴趣。问题在于要找到一种可以作为绝对标准的关键性测试。美国心理学家戈登·盖洛普（Gordon Gallup）最早尝试解决这一问题。他认为，人类的一个关键特征是能够把自己视为独立个体，从而将自己与身边的人区分开来（实际上这就是笛卡尔的"我思故我在"）。有自我意识让我们能够反映自己的内心状态，然后将这些心理状态与他人可观察到的行为联系起来。通过这种比较，我们能知道其他人也有内心世界。

盖洛普设计了一个巧妙的测试，他声称通过该测试能让我们明确其他动物是否具有自我意识。首先要训练一只动物学会照镜子，然后将该动物麻醉，在其脸部无毛发遮挡的皮肤上涂一个斑点。关键问题是，一旦动物苏醒过来，它能意识到自己脸部有什么异常吗？它能通过去摸或去抓斑点来证明自己发现异常了吗？

10年来，大量类似实验用于黑猩猩、大猩猩、褐猿、几种旧世界猴及鼠海豚和大象身上。除少数结果自相矛盾外，大部分结果得到了人们认同。黑猩猩能成功解决此类镜子问题，褐猿和大猩猩似乎也具备此种能力（尽管只测试过它们中的少数），但是没有猴子能通过镜子测试。人们因而得出结论：类人猿具有自我意识，而其他灵长目（包括被称为小型猿类的长臂猿）则不具备。给大象做此类实验，结果明显是失败了，它们甚至不能识别出墙一样大小的镜子是镜子，还试图穿过这扇打开的"门"。

尽管很多人试图得出类人猿有心智理论而猴子没有的结论，但人们心中还是对盖洛普的实验设计存有一丝疑虑。究竟为什么设计的是"照镜子",这能作为令人信服的自我意识测试吗?毕竟,猿和猴在野外生存时也没有镜子,那为什么能在镜子中认出自己就能说明它们有独立的心理活动呢?镜子测试的结果到底说明了什么?

显而易见,这些测试结果仅仅能告诉你,一个物种是否足够聪明来理解照镜子这种物理现象。也许这种解决问题的技能在某种程度上只是社会智力的衍生物。好比高级心智能力需要大量运算智力,而具备这种运算智力能让你解决像照镜子这样的物理问题。

盖洛普的镜子测试的确给我们一些启示,但却没有清楚地阐释这是什么原理。我们需要更明显的表征来诊断心智能力。心理学家迪克·伯恩和安德鲁·怀特提出了"战术性欺骗"。这指的是某一个体通过操纵另一个体对具体情况的认知从而利用对方。其中一个例子是幼年狒狒保罗利用自己的母亲来得到梅尔的块茎。另一个例子是汉斯·库默尔(Hans Kummer)的案例中那只年轻的雌性阿拉伯狒狒,它一步一挪躲到岩石后面,坐下给一只雄狒狒梳毛,却没有引起首领狒狒的怀疑。

在研究圈养的狮尾狒时，库默尔注意到了另外一种形式的欺骗。狮尾狒也生活在关系紧密的群体中，作为后宫之主的雄性狮尾狒和阿拉伯狒狒一样，自己的雌狒狒走太远就会不高兴。一天，首领狒狒被放进一只笼子里，被带到一个看不到群体生活的场地，但群体中的其他成员仍能听到它的叫声，与它互动。没有首领狒狒从中阻挠，群体中的年轻狒狒便抓住这个大好机会，趁机与其中一只雌性交配。库默尔注意到它们在交配时，彼此都刻意压抑交配高潮时发出的沙哑叫声，这种声音一般在100码（约90米）外的地方还能听到。库默尔把这种现象称为"声音隐藏"。

圈养的黑猩猩也有类似的行为。弗朗西斯·德·瓦尔曾看到一只雌性黑猩猩躲在树丛后面，偷偷地和一只地位较低的雄性交配。雌性用手捂住雄性的嘴，防止它在交配时大声的叫喊被场地另一边的首领雄性听到。

在以上两个"偷情"的案例中，那两对都试图不让自己的声音传到栅栏外，以免暴露了自己。这就是战术性欺骗：动物明显会尝试掩盖线索，以便把其他动物都蒙在鼓里。

休·萨瓦戈·鲁姆博夫还描述了另外一种形式的战术性欺骗。她长期研究两只名叫奥斯汀和谢尔曼的黑猩猩，教它们一种人工键盘语言。谢尔曼总是欺负奥斯汀，这让奥斯汀很苦恼。有一天，奥斯汀发现谢尔曼害怕听见从它们睡觉的窝穴外面传来的噪声，尤其是在晚上的时候。此后，每当受不了谢尔曼的欺负时，奥斯汀就会跑到住处外面，猛烈地敲门和其他东西，然后赶紧跑回来，极力装出惊恐的样子并小声抽泣。谢尔曼也总会满脸惊恐，要奥斯汀抱抱自己以求安慰。

战术性欺骗提供了衡量高级心智能力的标准，因为它需要测试对象至少具备二级意向。为了能实施战术性欺骗，欺骗者必须先理解对方相信某事是这样的，然后通过改变对方获取的信息，试图去影响对方的信念。简单讲就是，我明白通过做出某种行为，你就会相信我在做的事无伤大雅。显然，这涉及我们之前讨论过的错误信念。

通过研究记载灵长类动物的文献和同事在研究其他物种时偶然观察到的例子，怀特和伯恩建立了关于战术性欺骗的大数据库。对我们来说最有意思的发现是，战术性欺骗在原猴亚目动物中几乎不存在，在新世界猴中亦十分少见。战术性欺骗行为在社会性更高的旧世界猴中更常见，而且大部分例子都来自黑猩猩（少数来自其他研究较少的类人猿）。

后来，伯恩对比了两个指数，分别是他们数据库中物种出现战术性欺骗的频率指数，以及我的相对新皮层面积指数，结果发现两者十分吻合。相比非洲疣猴、南美洲的吼猴这些新皮层面积和社会群体较小的物种，黑猩猩和狒狒等拥有较大新皮层面积和复杂社会的物种更有可能实施战术性欺骗。看来，要想明白战术性欺骗的复杂过程，起码需要基本的运算能力。

顺着伯恩分析的逻辑，我和我的波兰籍同事博古斯劳·帕洛斯基（Boguslaw Pawlowski）想到如果马基雅维利智力假说真的发挥作用，那我们应该能够发现新皮层面积和雄性统治等级的稳定性等特征之间存在类似的关系。我们推测在拥有较大新皮层面积的物种中，地位较低的雄性能够巧妙利用社会策略，如战术性欺骗，来躲避地位较高的雄性的欺压。正常来说，地位高的雄性能在交配季节独占雌性，阻止地位较低的雄性与之交配。

这就导致一种结果，雄性交配或繁衍后代的频率与其所处地位有直接关系。

博古斯劳·帕洛斯基和我推测，如果地位低的雄性拥有"较大的脑袋"，能够利用组织的漏洞进行交配，那么雄性地位和成功繁殖之间的关系就不会那么严格地与新皮层面积增加保持一致。事实也确实如此。因为在这类情境下，雄性使用的策略之一与战术性欺骗类似。我们的结论进一步证实了伯恩的发现，战术性欺骗的确会产生作用，也就是说战术性欺骗确实影响了雄性成功繁殖的机会，并最终影响它们的基因适存度（它们对后代的贡献）。

伯恩关于战术性欺骗的发现，以及我们对于雄性交配策略的研究，为马基雅维利智力假说提供了强有力的行为学证据。这表明，巧妙利用社会策略和社会环境漏洞的能力取决于大脑的运算能力。

但是这些发现都没能告诉我们，动物在意向层级方面表现出的差别。我们知道的仅仅是黑猩猩做得比狒狒好，狒狒又做得比吼猴好。但是在反观其他同类的心思方面，它们又表现如何呢？狒狒比吼猴表现好是因为它能设身处地把自己想象成另一只同类狒狒，还是因为它只是对某种社会行为有更复杂的计算能力？

现在，我们已触碰到现有知识的边界。目前为止，没有人能把意向层级与任何一种行为模式联系起来。但是，我们确实有一些线索，至少给我们指出了一个可能会有成果的方向。这些线索大部分都是坊间观察，十分有趣。

20世纪50年代，海斯夫妇将一只名为维基的黑猩猩和自己的孩子一同照料抚养。他们曾看到维基在身后拉着一根绳子走路。乍一看去就是普通的行为。但是当绳子尾端卡到两层楼梯交接处的台阶时，它停了下来，一脸担心。它的行为跟一个孩子用绳子拉玩具车，但车子被卡住时的表现完全一样。它走到绳子尾端，小心地把绳子捡到台阶上，就像绕开了障碍物一样。然后，它又继续走自己的路。这完全具备了虚拟游戏的特征，艾伦·莱斯利认为这是拥有心智理论的一个关键特征，也是自闭症儿童所缺乏的。

荷兰动物行为学家弗兰斯·普洛伊（Frans Plooij）在坦桑尼亚贡贝国家公园观察珍·古道尔曾研究过的黑猩

猩时，发现了一个高级意向的例子。那时，研究人员用香蕉等食物把黑猩猩引到营区，以便观察研究。但时间久了，黑猩猩的胃口越来越大。更糟的是，黑猩猩发现了香蕉的存放地点，便开始扫荡营房和仓库。为了防止局势失控，研究人员建了一个混凝土箱子，箱子的一半埋在地里面，箱子上面有一个盖，研究人员可以在不远处操控一根缆绳从而打开盖子。通过这种方式，研究人员希望能保证地位低的黑猩猩也能够吃到香蕉，不会因为被地位高的黑猩猩阻止而挫伤了来营地的积极性。

一天，一只地位较低的黑猩猩独自来到箱子旁，这时咔的一声，箱子的扣松开了。这只黑猩猩听到声音，就知道可以打开盖子吃里面的香蕉了。就在它准备打开的时候，一只地位高的黑猩猩过来了。先来的那只黑猩猩立马装作对箱子毫不感兴趣的样子。这一行为十分合理，因为箱子的扣只有在某只特定的黑猩猩出现时才会打开，就算是黑猩猩们都待在进食区时，箱子一般也是锁着的。可能这只黑猩猩想营造一种错觉，让另一只地位高的黑猩猩以为箱子是锁着的，放弃在附近晃悠。这种战术性欺骗完全在一只黑猩猩的能力范围之内，德·瓦尔和美国心理学家埃米尔·门泽尔（Emil Menzel）都曾观察到，圈养在荷兰和美国动物园里的黑猩猩都有这样的行为。但这个故事更有意思的还是地位高的黑猩猩的反应，它并没有自己去研究装香蕉的箱子（这也是没有任何意义的），而是转身离开，但当它走到场地边上的时候，便溜到了一棵树后面，偷偷地瞧另一只待在箱子旁边的黑猩猩有没有趁自己离开时去打开盖子。

如果我对这些黑猩猩的行为解读正确的话，那么这只地位高的黑猩猩的行为至少表明了三级意向。它心里一定是这样想的：我认为[1]吉姆正试图骗[2]我相信[3]那个盖子是锁着的。甚至可以想象它也许有四级意向：我认为[1]吉姆正试图骗[2]我相信[3]吉姆自己认为[4]盖子是锁着。

问题是这样的趣事总有其他的解释，例如，这仅仅是个巧合，或者只是一种习得性行为。奥斯汀真的知道谢尔曼是害怕黑暗中的噪声吗？还是它并不知道为什么，只是发现了如果自己在外面弄出很多噪声，谢尔曼会拥抱自己而不是欺负自己。在食物箱子旁边的那只黑猩猩真的是有意欺骗它的对手的吗？它心里真实的想法是"如果我装作若无其事的样子，我想[1]那个家伙就会相信[2]我认为[3]那个盒子依然是锁着的"，还是它只是知道了如果自己这样做，出于某种超出自己认知能力的原因，对手会离开。也许在最后那个故事中，地位高的黑猩猩只是停下来想了一下，万一盒子开了呢，毕竟它迟早都会有打开的时候。黑猩猩无法抵制住食物的诱惑，舍不得离开，而它这样行动的时候，恰巧身前有一棵树。毕竟黑猩猩不明白为什么箱子盖有时候是打开的，有时候是关着的，它们只是发现如果时不时地多跑几趟，耐心总会有回报，就有吃的了。

如果我们有一系列此类行为的例子，那我们会更确信自己的想法。我们收集的例子越多，那结果是巧合的可能性就越小，尽管依然很难排除简单的模式学习这种解释。

有意思的是，此类行为只在黑猩猩身上能观察到。尽管科学家花了成千上万小时的时间来研究野生和圈养的新世界猴和旧世界猴，但没有发现可以用高级意向来解释的行为（也有可能是观察人员没有注意到此类事件，因为他们压根没指望猴子会有此类行为）。

过去几年，也有人发起了几项研究，试图避开这个难题，更明确地专注于设计类似测试儿童是否具有心智理论的实验。20世纪80年代，心理学家大卫·普瑞马克（David Premack）最早在接受过语言训练的黑猩猩萨拉身上做过测试。普瑞马克和同事盖伊·伍德拉夫（Guy Woodruff）给萨拉看一些电影剪辑的片段，内容关于一个人能否成功做成某件事情。例如，一个人如何去够挂在天花板上的香蕉。接着，他们给萨拉看照片，上面有正确的解决办法，也有错误的解决办法。正确的解决办法是把箱子放在香蕉下面，一层一层垒起来，错误的办法是把箱子散落在地板上。对画面中人物的意图，萨拉展示了足够的理解能力，它通常都能选出正确的解决办法。根据此类的实验，普瑞马克和伍德拉夫总结出萨拉有能力理解他人的意图，说明它至少在某种意义上拥有心智理论。

近期，还有两个系列测试尝试比较了猿类和猴子，来看看灵长目的近亲表现会有何不同。第一个系列测试是美国心理学家丹尼·波维内丽（Danny Povinelli）设计的，用以检测黑猩猩和恒河猕猴（高等旧世界猴的代表）能否理解他人的意图或判断他人对形势的了解。

例如，他给黑猩猩做的一项测试是，黑猩猩要在两个人之中选一个来帮助自己获得一个自己够不到的奖励物——一杯果汁。黑猩猩能看到两名助手的照片，以推倒其中一个照片架的方式来选出帮助自己的人选。这两个人选的不同之处在于，一个总是故意把果汁倒在地板上；而另一个则是不小心而为之，例如，在接杯子的时候掉到了地上，或者递给黑猩猩的时候被绊了一下。黑猩猩能区分出故意和意外行为吗？答案似乎是肯定的，黑猩猩很快就能领会到，并选出不小心把果汁洒掉的人。

在另一个系列测试中，黑猩猩有机会从装有食物的箱子中获得食物奖励，但是它够不到这个箱子，要想得到食物，只能通过人类的帮助。黑猩猩要选择一位助手帮它拿到食物。两位助手分别指向不同的箱子，黑猩猩要判断哪一位助手最有可能选对箱子。其中一位助手就在房间中目睹了食物放进箱子的过程，另一位则在这期间故意离开了房间。显然第一个人知道食物在哪，第二个人不知道。因此，正确的答案是选择那位知情者所指的箱子。波维内丽的黑猩猩大多都有能力解决这个问题，但猴子全军覆没。看起来猿类，起码黑猩猩能分辨出他人知情与否，但是猴子做不到。

虽然黑猩猩胜过猴子，但它们在完成此类任务时，仍比不过儿童。这个结论是通过另外一个系列测试得出的。我的学生桑吉达·奥康奈尔（Sanjida O'Connell）设计了一套错误信念的系列测试，测试的标准和用于儿童测试的"萨利和安测试"保持一致。同样，黑猩猩要从四个箱子中选出一个。测试人员把一根钉子放到其中一个箱子上面，接着把食物放进同一个箱子中。黑猩猩可以自由选择打开一只箱子，并且如果选到了正确的，就能得到里面的食物。黑猩猩基本能够按照这样的步骤做出正确选择，接下来，测试故意出现了一点偏差，经过特别设计，奥康奈尔在后面放食物的时候看不到箱子的前面。

她先把钉子放在箱子上，就在贴近黑猩猩的那一侧，接着，像之前做过的那样，她绕到箱子后面把食物放进去。但是这一次，当她在箱子后面放食物时，钉子移动了位置——表面上看是钉子自己滑过去的，但实际上是她借用杠杆故意操作的——挪到了旁边的箱子上。关键问题来了：黑猩猩会意识到被装进食物的那个箱子仍是实验员最初放钉子的那个吗？也就是实验员一开始以为正确的那个吗？还是它认为实验员和自己知道的信息一致，所以食物会装在现在有钉子的那个箱子上呢？这个测试已经尽可能地接近萨利和安的测试了。

尽管在完成这个任务方面，黑猩猩比自闭症儿童做得要好，但是仍然无法同五六岁的正常儿童相比（后者已经习得了心智理论）。黑猩猩肯定学会了如何解决这个问题，但如果说它们真的有健全的心智理论，那它们做得并不如人们想象中的那样好。

最后还需要提醒一点。当我们给动物，特别是黑猩猩做测试时，就算它们选错了，也并不能说明什么。你永远无法确定它们没有按照我们设定的标准来做，是因为缺少相应的能力，还是因为它们不感兴趣。这并没有什么可惊讶的，黑猩猩经常会觉得这类测试很无聊，有时甚至不愿参与测试。BBC地平线系列影片《黑猩猩说话》中有一个很有爱的片段，休·萨瓦戈·鲁姆博夫让坎兹完成一系列的指令，当说道"把这串钥匙放到冰箱里"的时候，你能感觉到它有一丝迟疑，它心里一定闪过困惑："这下她到底要干什么？好吧，我就娱乐一下她吧，可怜的家伙。"

我们可以初步下个结论：有充足的证据表明，就算不是所有的类人猿，起码黑猩猩有某种形式的心智理论（即使没有人类的那么高级）而猴子却没有。虽然猴子在这些方面确实要比其他动物高级一些，但它们的确没有健全的心智理论。它们可能可以达到三四岁儿童的认知水平，但是这个年纪的儿童还没能发展心智理论。

多萝西·切尼和罗伯特·赛法斯曾评论猴子是很好的行为学家，却不是很好的心理学家。它们能够读懂他人的行为，却识不破他人的心思。二人举了一个非常生动的例子。他们在研究肯尼亚安博赛利的长尾黑颚猴时曾观察到这样一个情景。一天，一只外来的雄性出现在离他们研究的那群猴子不远处的树丛里，像这种单独出没的雄性一般都是想要加入一个群体，通常也意味着可能将群体中的老大赶下台。对于现任老大来说这可不是件好事，因为它有可能会失去霸占雌性的权力。所以，它会想尽各种办法抵抗入侵者。在这个案例中，现任老大得到了积极的启发，当入侵者从树上跳下来，想要穿过开阔的平地靠近群体时，老大就会发出附近有豹子的警告声，入侵者就会立马跳到自己的树上，回到安全区。过了一会，等确认没有什么异常情况，入侵者会再次尝试靠近群体。这时，群体中的老大又发出同样的叫声。这一策略屡试不爽，但可惜的是，最后它自己露了馅，一边发出警告声，一边还大摇大摆地走过空地，入侵者一下就明白了。正常的猴子都不会一边发出警告还一边若无其事地穿过空地，那可是最容易被捕捉的地方。

走进内心及更深处

毫无疑问，心智理论是我们最宝贵的财富。这是一项了不起的技能。然而比起人类对这一技能的运用，心智理论本身也就黯然失色了。

心智理论使我们能够客观冷静地看待自己和世界，这是一种关键的能力。这一切都源于我们能够反思自己的内心。为什么我会有现在这样的感受？为什么我现在会生气？为什么我会快乐或悲伤？认识我们自身的情绪是理解他人情绪的关键。如果认识不到别人的感受，我们就不可能深入其内心，来了解他们对于所经历的事物的心理反应。

真正的突破是具备三级意向的心智理论后，我们可以虚构一个人会如何应对特定的情形。换言之，当我们能够越来越深入地了解某位英雄为什么会有这样的表现，是什么情感驱使他不断前行的时候，我们便能开始创造文学，编写故事，而不仅仅是简单描述事件。

我敢肯定没有任何生物能像我们一样渴望着文学创作。这并不是因为其他物种缺少语言能力而无法做到这一点，而是因为其他物种缺少足够完备的心智理论，无法探索他人的精神世界。写小说意味着需要想象出虚拟的世界，黑猩猩所拥有的心智理论并不足以完成文学创作。黑猩猩最多能达到三级意向（我相信你想让我认为食物箱子是锁上的），而人类能不太费力地跟上四级意向的思维。

尽管我们在日常生活中并不经常用到这种能力，但在写小说的时候却必不可少。小说情节需要作者和读者理解[1]一个主人公认为[2]另一个主人公想要[3]第一个主人公相信。因为读者和作者是这条意向链的一部分，那他们必须要比这些主人公所处的级别更高。读者要顺着小说情节的发展跟上这些思维的变化确实不容易。作者需要确定读者可以与自己达到同一意向层级，如果读者做不到，那把小说卖给出版商也就没有多大意义。

能够从自身当前的经历中抽离是宗教和科学产生的前提条件，两者都是人类特有的行为。然而我的某些科学同人[特别是胚胎学家路易斯·沃尔伯特（Lewis Wolpert）]要是听到有人说科学和宗教是相似的现象，他们一定会不以为然。

当然，从某一层面来说，这些同人是正确的，科学和宗教使用的是完全不同的方法来认识世界。宗教关乎信仰，把它揭示的真相作为一切争执最终的裁判者。而对于科学来说，个体的怀疑主义，以及基于逻辑推理和实验证据来严格地验证假说则是最重要的。

但从另一层面讲，同人的观点又是不够全面的，因为他们都忽略了科学和宗教的一个共同点。两者都试图去解释我们生活的世界，为我们自身经历的这个现实世界赋予充分的连贯性，好让我们能正确理智地处理变幻莫测的日常生活。这两者虽有着截然不同的运作方式，却不应掩盖它们拥有同一个目的的事实。

世界上大部分宗教都提供给我们安全感与抚慰，帮助我们渡过生活的难关与险境。宗教给人一种"我们并非对一切完全无能为力"的感觉，我们能够借助祈祷与仪式寻求到帮助，确保生活能够继续下去，而不至于让人无法承受。在传统社会中，洪水、饥荒和四处劫掠的动物与人一直威胁着生命与和平。借助超自然神力，人们也许能够区分出理性与疯狂。举行各种必要的仪式，我们至少能够找到足够的确定感让自己继续前行。宗教也许不能彻底让人避免受苦受难，但它给我们带来了信心与勇气，帮我们抹去生活中的不适感，让我们不至于被生活摧垮。从这个意义上讲，宗教就像马克思评论的那句名言"宗教是人民的鸦片"一样。它确实像内源性鸦片物质一样，让我们不那么关注日常生活中的小焦虑，确保生活能够继续向前。

科学同样为我们提供了生命存在的框架，让我们能掌控世界。当然，科学发挥作用的方式与宗教完全不同。科学取得的巨大成就不在于（正如某些人所期许的那样）主观地构建现实，相反，它是基于对假说的严密推理及对现实世界真实事件的严格验证。我们对科学更有信心，因为科学要经得起真实世界的检验。除非出现一场科学大阴谋（这很难经得起时间的考验），很难想象任何人能强行让世界得出迎合其科学理论的结果。现实世界不是那样的地方，它是不屈不挠的，容不下站不住脚的论据。

科学与宗教共同的起源都在于我们踌躇不定时，提出的质疑：为什么世界是这个样子的？也许两者的回答会截然不同，但起源一样——它们的存在都仰赖于我们对世界持有的质疑精神。为什么我们的世界是这个样子的？甚至提出这个问题都需要你愿意去想象世界的模样有可能并非你看到的那样。这需要心智理论的支持，它是从我们对社会行为的深刻反思中抽离的产物，是一种针对我们和他人的思想与行为是如何影响自己，又反过来影响他人的理解能力。这需要至少三级意向，还极有可能需要更高层级的意向。

如果科学和宗教需要四级意向，那显然只有人类能产生科学和宗教。因为除了类人猿，其他非人类动物都没超过二级意向，也就不会产生我们所知道的科学和宗教。但是对于类人猿这可不好说，如果四级意向是必需的，那么它们基本不会拥有科学或宗教；但是如果三级意向足够，那么类人猿可能会有科学或宗教，或两者皆有。

然而，如果猿类真的有某种形式的科学或宗教，那一定不会太复杂，也不会成为它们社会生活中的一股统一力量。这是因为它们没有语言。语言可以让我们高效地交流彼此的思想，这一方面没有任何其他东西能比得上。没有语言，每个人都得自己重新创造一套等同于语言的智能工具来表达自己。我们可以观察一个人的处事方式或模仿他人制造工具，但宗教和科学属于精神世界，我们无法看到并复制想法和概念。没有语言，我们只能生活在各自的精神世界中；而有了语言，我们就能彼此分享各自的精神世界。我们得以发现其他人的世界与我们的并不相同，这样也能激发我们意识到世界可能与我们设想中的不同。

心理学家大卫·普瑞马克总结说，他的明星黑猩猩萨拉因为学会了符号语言而得以实现思维"升级"。普瑞马克的观点基于社会语言学家和人类学家对语言的普遍看法，即语言决定思维，没有语言也就没有思维。实际上，这观点违背了大量有据可查的相关现象——动物能思考，能产生概念及创造出与语言相关的事物。看起来，语言更有可能是寄生在思维之上的，语言之所以拥有我们赋予它的语法结构（主—谓—宾结构），是因为这就是我们自然的思考方式。

我不认为萨拉的思维只是因为学习语言就升级了，语言不会突然就能创造出它脑海中原本不存在的东西。我认为萨拉的思维得以升级是因为语言让它能够接触普瑞马克的思维。这样普瑞马克能把那些可能它自己从没有想过的概念和看待事物的方法灌输给它。这里强调的是它"可能"会这么做，尽管它"从没"这么想。

因此，语言是思想史发展的一个关键因素。语言使我们能汲取前人的知识发展自己，也能让我们彼此交流知识，建立一套共同的信念将整个团体维系起来。如果黑猩猩有宗教，那有多少只黑猩猩就一定有多少种宗教。

第六章 Chapter 06

穿越时间的迷雾

想象一下,约500万年前的情景。阳光洒在远古森林的地面上,留下一片斑驳。猴子一边聊着天,一边穿梭在树木之间,从这棵长满无花果的树顶跳到另一棵的树顶。森林地面上生活着几种类人猿,与今天的黑猩猩和大猩猩并无太大差别。它们通常在地面行走,偶尔也会爬到树上寻觅果实和其他美食。

这些猿类的祖先曾主宰亚非森林近千万年的时间,然而它们的处境却相当艰难。全球气温逐步下降,气候干燥,非洲森林面积不断萎缩,越来越多的物种挤在日益狭小的空间。雪上加霜的是，猴子捷足先登，在生态竞争（见第二章）中比猿类更胜一筹。猿类原本是森林灵长类动物的主力军，而如今正在衰退。最终，其中一支猿类家族开始逐步走出安全的森林，进入森林的边缘地区，寻找尚未被猴子洗劫一空的果树。

在森林以外的树林里，果树之间隔得很远，林冠不再如巨伞般连成一片，穿行林间便再也不能像猴子那样，顺着彼此交叉的树枝，在树木之间跳来跳去。现在只能下到地面再爬上另一棵树。

直立降温

树林不如森林那样茂密，动物在林间穿梭，难免会受到更多阳光的暴晒。利物浦约翰摩尔斯大学的生态生理学家彼得·韦勒（Peter Wheeler）研究过祖猿在非洲树木繁茂的草原里所承受的热应力。他的计算表明，直立行走的动物比爬行动物所受到的太阳辐射热要减少三分之一，尤其在烈日当空的正午时分。这仅仅因为，比起四肢爬行，直立行走减少了体表暴露于太阳直射的面积。对于喜欢享受日光浴的人而言，这一点在他们身上显而易见。晒太阳时人们总是躺下，尽可能地让皮肤暴露在阳光下。你若是站着，就不可能实现快速"美黑"。

另外，地表植被以上的风速会略有增长，双腿站立会让动物感到凉快一些。而植被以下甚至地面本身的摩擦会降低地表风速，好比车轮遇到刹车。地面约3英尺（约0.9米）以上，风速的增长会产生极大的降温效果。大型动物自然能从中受益，体型稍小的动物如能靠后肢直立，同样也能受益。黑猩猩这样体型的动物，刚好属于少数直立能占优势的种类。像狒狒等更小的物种即使两腿站着也没有多大差别。

因此，直立让猿类保持体表降温，可以涉足更广阔的栖息地寻找食物。在这个过程中，另一个因素起了作用。受阳光直射的皮肤面积缩小，动物便不再需要毛发保持皮肤凉爽。毛发是惰性物质，也是良好的绝热体，所以毛发末梢急剧变热后并不会将热量传到体内。

韦勒认为，最终进化成现代人类的猿，早期退掉毛发进化成裸体，是为了通过裸露皮肤更好地出汗降温。猿直立后，身体免受最强烈的阳光照射。同时，来自地表植被以上的风起到降温作用，加上汗水蒸发降温，无毛成了独特优势。因此，人类脱去"毛皮大衣"，只保留中午暴露于太阳底下的头部和肩部的毛发。彼得·韦勒通过热生理学周密的公式详细计算得知，相对于有毛的四足猿，无毛、双足直立、出汗的原始人类靠一瓶（约0.5升）水就能走双倍的路程。对生活在广阔草原里的半游牧原始人类来说，这种节约就是一种巨大的优势。

当然，我们无从得知祖先脱去毛发的确切时间，因为化石记录中几乎从未保存软组织和毛发。但我们知道他们确实很早便开始双足直立行走。有两个信息来源可以印证这点。其一是最早的原始人化石中臀部和腿骨的形状。1976年，唐·约翰森（Don Johanson）在埃塞俄比亚的阿法尔凹地掘出"露西"古人类化石，在这具骨架中，骨盆和连接的腿骨保存良好，明确证实这位体型娇小的早期原始人已经能够直立行走。我们可以通过观察她的骨盆形状、膝关节和髋关节的连接状态得出以上结论。现代人的骨盆呈碗状，行走时为相向的腿骨提供更稳定的平台，而猿的骨盆又长又窄，更适合爬行。显然，从她的骨头形状来看，露西的行走方式和人类并未完全一致，她走起路来会有点摇摆，缺乏现代人特有的平稳步态。而且，她的手指更长更弯，胸腔和手臂更强壮，可见她依然擅长爬树。但当她到地面上的时候，我们几乎可以肯定她是直立行走的。

其二是来源于350万年前的一串脚印。在坦桑尼亚北部的莱托利附近，一座火山喷出的熔岩下保存了约70个脚印。此地曾为开阔平原，30码（约27.4米）长的路程内，3组脚印接踵而至，其中夹杂着羚羊和其他哺乳动物的脚印，互相交叉重叠。这些脚印的主人步行在附近一座火山喷涌出的松软火山灰上，随后的一场雨让熔岩凝固，于是上述个体就在历史上留下了戏剧性的印记。火山灰更底层埋藏着的，也许是这群动物最后的活动痕迹。这些痕迹直到1978年才被古生物学家玛丽·李奇（Mary Leakey）发现。

毫无疑问，留下这些脚印的是一只类人猿，体型娇小，双足行走，身高与露西相仿。现场没有发现狒狒或黑猩猩行走或奔跑时留下的手印。而且，脚印的主人大脚趾跟我们一样，在脚掌的前部并向其他脚趾并拢。而猿的大脚趾则是分开的，与脚后跟成直角。由此可见，该物种俨然习惯了靠双足舒服地直立行走。

此外，非洲南部发现的新化石让人们对此有了更深入的理解。其中一个脚印上的大脚趾与现代人的脚不像，既不和其他脚趾并拢，也不像现在的猿那样横出成直角。这个化石脚印可追溯到莱托利脚印同期，表明此种动物可以直立行走，但在树上依然活动自如。

因此，可以确定我们的祖先在很早的阶段便已进化成直立站姿，并可能因此褪去毛发。除此以外，"我们"依然和猿无异。又过了200多万年，我们的脑容量才超越现在的猿，开始大幅增大。

森林边缘的危机

早期原始人离开森林迈向远处的树林，获取了充足的食物来源，由于那儿的竞争没有那么激烈，他们因而取得优势。栖息在非洲东部和南部草原与树林里的物种，大部分是食草动物，主要以草、草本植物和小灌木的叶子为食，少数物种会抢食树木或高大灌木上的果实和种子。天下没有免费的午餐，在这个新环境中觅食获益，古类人猿必须抵御更高的捕食风险。

面对捕食风险的提高，灵长类动物总体有两大对策：体型变大和扩大群体规模。我们的祖先双管齐下，根据化石记录他们身材逐渐变高大。300万年前，小露西在非洲之角（索马里和埃塞俄比亚地区）的草原树林中漫步时仅有4英尺（约120厘米）。直到175万年前，他们的身高已发生显著的变化。1984年，玛丽·李奇的儿子理查德（Richard）在肯尼亚北部的图尔卡纳湖（Lake Turkana）发现一具名为图尔卡纳少年（Narikitome Boy）的男孩头骨和部分骨架，该男孩在11岁去世时身高已达5.3英尺（约159厘米），如果他活着，成年后可长到6英尺（约180厘米）。

如果类人猿也遵循灵长类动物的模式，那么面对同样的压力，它们很可能在这个时期不断扩大群体规模。

第六章 穿越时间的迷雾

究竟如何才能得知它们有着怎样的群体规模呢？由于没有发现它们群体的化石记录（至少在过去10万年里尚未发现人类定居出现之前的群体生活记录），目前也尚未有著名古生物学家正式发表过关于群体规模的论断。所以关于这个问题我们也就无从得知了。

然而，我们发现灵长类动物的群体规模与新大脑皮层面积密切相关，因而有可能可以估算出化石物种的群体规模，尽管会有一定的误差。这种估算还带来新的发现，那就是灵长类动物的群体规模和梳毛时间的关系，也许可以解答另一个难题：人类是何时进化产生语言的？

传统观念根据直接证据提出了两大主要观点。考古学家认同一个距今相对较近的日期，约5万年前，考古记录中出现了一种剧烈而显著的变化，被称为"旧石器时代晚期革命"。从那时候开始，石器工具的质量和种类发生了显著变化。随后的几千年里，石器工具的种类更为广泛，包括石锥、石针、石扣等。精致如维纳斯雕像的艺术品和洞穴壁画出现在大约3万年前。葬礼井井有条，尸体按事先准备的姿势小心摆放，伴有来生可用的陪葬品。这些都表明当时的人能彼此交流,讨论死亡和来生等复杂的形而上学的概念。

与此相反,解剖学家认同另一个日期,最早语言出现可以追溯至大约25万年前人类物种智人首次出现时。他们的证据主要是基于那一时期的人脑两半球出现非对称性结构。现代人的左脑是语言中心所在,比右脑大。解剖学家认为这是语言出现的明确证据。

考古学家和解剖学家之争似乎难以论断,因为都有来自各自领域的证据。莱斯利·艾洛(Leslie Aiello)和我认为,如果能解答早期祖先群体规模的问题,也许便能解决这一争论。

我们知道灵长类动物每天花在梳毛社交的时间不会超过20%。现代猴子显然更驾轻就熟(情急之下梳得更快),引发语言进化的临界点一定高于20%。同时,我们通过公式计算预测,现代人群体社交时间为40%(详见第78页),语言进化的临界点应低于40%。这两个数值区间的某个数值,大概30%,就是语言进化突破的临界点。然而我们无法确认,因为其中的两个变量——梳毛时间和新皮层面积或群体规模均无法确定。

一天傍晚，我们琢磨这个问题时发现，在灵长类动物中（包括现代人，后来发现食肉动物亦如此），新皮层率——大脑中新大脑皮层所占的比例与大脑总容量直接相关。尽管我们对化石人的新皮层一无所知，但我们有许多完整或近乎完整的化石头骨，可估计大脑总容量，再根据颅骨内部尺寸估算出新皮层容量，最后通过灵长类新皮层率与群体规模的公式，可推算出群体规模的大小（详见第92页图4-2）。

次日，经过一番计算、复核数据和重新审视论据逻辑性后，我们欢欣鼓舞地将计算机屏幕上的图6-1打印出来。从图6-1中可见，群体规模起初增长缓慢。而且，群体规模一直与约200万年前的类人猿规模相当（特别是黑猩猩）。后来，化石记录出现新人属，即我们现代人。从此，群体规模成指数级增长，约10万年前现代人群体规模达到150人（见第四章）。

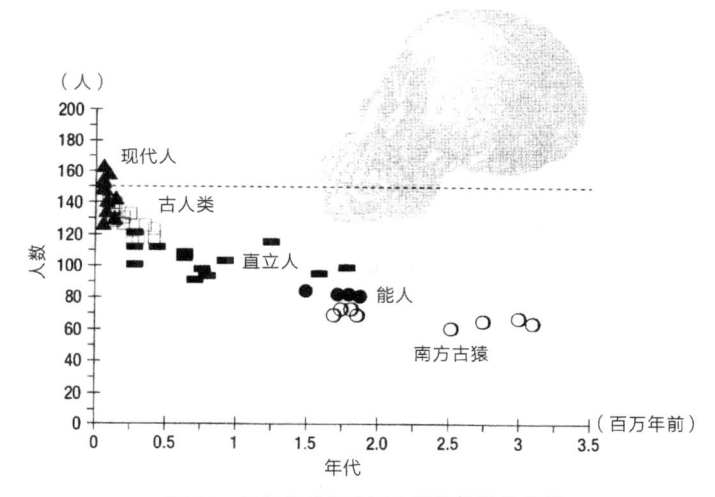

图 6-1 按年代绘制化石人群体推算的规模

注：群体规模按照灵长类群体规模与新皮层面积之间的总体关系推算（见图 4-2）。5 大化石人类包括：南方古猿（最早的原始人）、能人（最早的人类）、直立人（最早从非洲迁徙到欧洲和亚洲的原始人）、早期智人（我们人类的最早成员，包括欧洲和近东的尼安德塔人）和化石现代智人（欧洲的克鲁马努人和他们的非洲亲属）。相关新皮层面积按总脑容量估算，每个点对应一个种群的平均值（5 万年内同一地点发现的所有化石标本）。横向虚线为 150 人，即当代人群体规模的推算人数。

眼下迫在眉睫的问题是：群体规模突破关键阈值而使语言变得必不可少的时间点出现在哪里？我们从图 6-2 所示的梳毛时间数据中得出结论，更支持解剖学家认同的日期。因为在 25 万年前，群体规模已达到 120 人到 130 人，梳毛时间占 33%~35%（高于 30% 的临界点）。

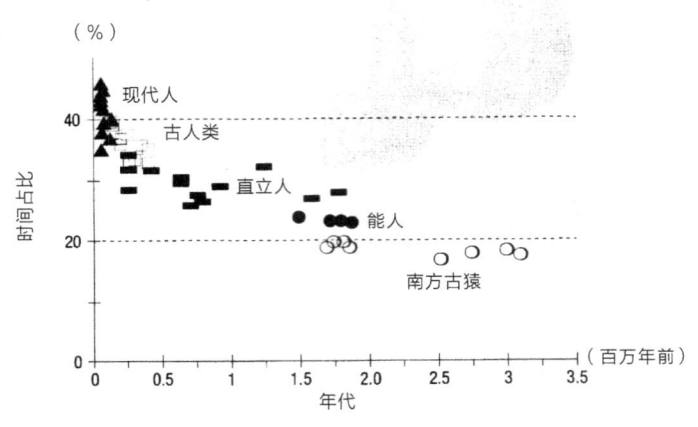

图 6-2　按年代绘制化石人种群推算的梳毛时间

注：梳毛时间按旧世界猴和猿梳毛时间与群体规模之间的关系推算，化石人种群的群体规模按新皮层面积推算（见图 6-1）。横向第一道虚线为 40% 的梳毛时间，按当代人 150 人的群体规模推算，横向第二道虚线为灵长类种群最高梳毛时间（狮尾狒为 20%）。

更进一步的研究数据表明，我们也许可以追溯得更久远一些。人类最早出现语言在 50 万年前，根据公式计算推测出那时的群体规模为 115 人到 120 人，梳毛时间占 30%～33%。所以结论必然是：我们人类智人的出现，标志着语言的出现。

我们的祖先晚期直立人（他们脑容量相对较小）也

许已经开始面临同样的问题。他们的群体规模大,大部分群体规模在100人到120人,梳毛时间占25%～30%。莱斯利·艾洛和我认为,30%的时间临界点不够细细梳毛,所以直立人这一物种没有语言,尽管对于最晚期直立人来说未必如此。

然而,若是细看图6-1和图6-2,我们会发现梳毛时间并没有出现明显的剧变,没有一个分水岭。如果在250万年前人属动物出现时数据刚好有波动,我们也许可以下结论说语言突然出现,但事实上当时并不存在这样戏剧性的转折点。由此可见,语言并不是新突变的结果,而是在漫长的时间里缓慢出现的。

语言至少经历了三个阶段的进化,随着群体规模扩大,交流需求增大,语言日益变得复杂。我们认为语言最初起源于旧世界猴和猿类所特有的惯用联络呼叫声。正如第三章所提到的,这类物种的联系叫声起到远距离梳毛示好的作用。随着时间越来越紧迫,动物保持一种稳定的发声方式,这种交流并没有正式内容,正如我们的谈话中常用的客套话。例如,"你常来这儿吗?"这种陈词滥调,并不真的需要认真回答,只不过是句开场白，类似于说"谢谢你，我很乐意在接下来的半小时和你一起……"。我们认为，随着群体规模攀升至猿类的上限，它们更频繁地借助声音辅助实际梳毛。这个过程发生在约200万年前直立人出现时，当时它们更加注重声音而非梳毛作为沟通方式。

最终连这种沟通方式也不足以维系群体，便需要更高效的机制来支持群体规模扩大。于是，声音被赋予意义，但内容多数是社交性的，闲聊开始出现。

赛法特（Seyfarth）和切尼（Cheney）的研究表明，这不必涉及任何大的变化，灵长类动物的发声已经能够传达许多社会信息。只言片语已经成形，他们只需要发展出一个语言体系。群体持续扩大就能推动语言进化。

事实上，人类如今正利用语言这一高效的维系机制，在投入同等社交时间的基础上，不断扩大生活群体。现代狩猎采集者每天投入社交的时间比例和现代狒狒相当（狒狒是非人灵长类梳毛时间最长的纪录保持者）。一项关于新几内亚卡潘诺拉（Kapanora）部落的研究表明，他们白天12小时里用于社交的平均时间是，男性3.5小时，女性2.7小时。换言之，他们每天社交时间占白天时间的25%左右，而狒狒是20%。

直到很久以后，大约40万年以后，才出现符号语言，一种能指代抽象概念的语言。自此，化石记录里石器工具的款式在质量和种类上突然发生变化。前200万年里，通用石器工具的种类几乎没有变化。工具设计在类型和复杂程度上都有局限性，制作所需的技巧也很单一。大部分是简陋的菜刀和手斧，毫无艺术价值。突然，局面有了变化，工具变得更精致，做工更精良。南非化石中发现了如赭色赤铁矿等物质，表明工具曾用于研磨和摩擦，意味着可能曾用来给皮肤上色或制作身体彩绘。这预示着仪式首次出现，一场文化变革已经到来。

这一发现解答了一个争论多年的问题：尼安德塔人是否有语言？约12万年前，他们在整个冰河时代占据欧洲。5万年前现代人祖先克鲁马努人从非洲来到欧洲，与其共存过一段时期。然后在约3万年前，尼安德塔人突然消失。解剖学家菲利普·利依曼（Philip Lieberman）一直强调尼安德塔人没有语言，因为他们的喉咙和黑猩猩几乎在同一个位置，无法发出人类的声音。尼安德塔人不会说话，只能依靠咕哝声和尖叫声彼此交流，而来自非洲的高瘦现代人凭借复杂的文化和语言，将之打败。

但在以色列发现的一具几乎完整的尼安德塔人骨架让利依曼的观点遭到质疑。这具骨架中的舌骨（在下颌骨与喉之间支持舌头的小块骨头）依然存在。尼安德塔人的喉和我们的基本在同一个位置，位于咽喉深处，可以发出话语声音。从解剖学角度来看，他们确实有语言。我们的分析也同意这一观点。他们的脑容量比现代人略大（尼安德塔人比我们高大许多），他们的群体必定达到与其他现代人一样的规模。梳毛时间也会远超灵长类动物可持续梳毛的时间上限。那么，如果他们不是靠思维维持群体规模，那他们到底如何维持群体规模呢？这当中必然有一套有别于其他灵长类的独特方法。

非洲的入侵者到来后，尼安德塔人灭绝于欧洲大地，并不是因为他们缺乏语言，而是因为他们缺乏我们非洲祖先那种复杂的文化和社会行为。克鲁马努人不仅拥有更复杂精美的石器工具和手工艺品，还有证据表明他们在非常广阔的区域间交易贝壳、打火石和其他石器。显然他们的社会网络更复杂和广泛。近年对以色列洞穴遗址的研究发现，尼安德塔人更加安土重迁，而同期生活在当地的现代人则更加漂泊，会跟随资源分布而迁徙。现代人更灵活地适应了生态环境。

尼安德塔人的命运与美国印第安人和澳大利亚土著人有着离奇的相似之处，他们也是被后来入侵的欧洲人灭绝的，因为入侵者有着更强大的政治和军事力量。看起来这是弱肉强食的下场，然而这应该用来提醒我们自己，无论欧洲人、美国人还是澳大利亚人，都是来自非洲的克鲁马努人的直系后裔。

最后剩下一个难题：是什么驱使群体扩大规模的？简单的回答是，我们并不知道原因，但我们可以提出一些猜想。第一个可能性是传统观念认为灵长类选择扩大群体来自两方面的压力：其一是捕食风险，其二是保护食物来源。但如果50只狒狒这样的群体规模已经足以应对以上两个问题，那么人类和人类的祖先为何还要将群体扩大至原来的三倍？事实上，人类体型比狒狒大（手中还持有防御武器），按理说在同一栖息地上小群体也能生存。正如我们看到的，狒狒一般50～60只一群生活在树林栖息地里，而非洲东部和南部的狩猎采集者一般也是30～35人一群搭建临时营地。

除了狒狒喜爱的树林和黑猩猩钟爱的森林，我们的祖先也许还涉足过更为开阔的栖息地，因而需要更大的群体来抵御更高的捕食风险。现代狮尾狒为此提供了部分证据。它们生活的栖息地非常开阔，用以躲避天敌的树木比较稀少。群体规模与栖息地的捕食风险相关，安全避难所越少的地方，群体规模越大。因此，在所有的灵长类中它们的群体规模最大（一般是100~250只）。

第二个可能性是来自其他人类群体而非传统捕食者的威胁。也许是突袭，也许是争夺食物或水源。扩大群体规模和增大个体体型可以看作应对此类捕食风险的对策。军备竞赛正是如此产生的：袭击者扩大群体争取胜利，被袭击者也扩大规模自保，这样一来便促使袭击者形成更大的群体，直到生态条件达到上限（也许是可供养的个体数量）。

第三个可能性也许源于人类进化第二阶段的早期（200万年前直立人出现以后），生态行为发生了巨大变化，我们的祖先变成游牧民族。他们首次横跨阿拉伯大陆进入亚洲，在数百年间到达中国以及亚洲东南海岸的岛屿。

如此规模的游牧生活意味着群体在大范围觅食，并且毫不畏惧地迈向日常生活以外的未知之境，寻找新的食物来源。在这种情况下迁徙者面临两大问题。其一是不熟悉环境，不知道安全避难所和食物分布在哪里。瑞士生物学家汉斯·希格（Hans Sigg）和亚历克斯·斯托巴（Alex Stolba）证实，偶尔游牧的阿拉伯狒狒会离开它们原来的领域，相对于本地群体而言，它们找到水坑和果树的可能性大大降低。其二是本地群体会主动驱逐入侵者，妨碍它们获取关键资源（在炎热的大草原栖息地上，水坑绝对是关键资源）。迁徙者总是处于劣势。

解决这一问题的唯一途径是与邻近的群体建立互惠互利的联盟。实际上，邻近的群体会联合起来共享水坑或其他关键资源。于是它们形成了松散的联邦群体，来去自由，分分合合，随意性很高。这正是现代狩猎采集者的行为模式。

卡拉哈里沙漠中的昆桑人[1]（!Kung San）便是一个例

---

[1] 昆桑人的语言称为"搭嘴音"（click），通过舌头和嘴唇发出部分元音和辅音。感叹号"！"是这种音的标记符号。

子，他们形成100~200人组成的群落，围绕所"拥有"或有使用权的水坑生活。群落本身很少作为整个群体出现，成员一般都是以25~40人（4~6个家庭）的小群体形式觅食。永久性水坑是群落的生命线，在旱季临时性水坑枯竭时，它便成了庇护所。

这是一种裂变融合的社会系统，成员经常来去自如。黑猩猩也有这种特点，但它们的群体规模较小。黑猩猩群落的成员数为55只左右，而在森林栖息地中觅食的成员数通常只有3~5只。我们和黑猩猩都有的这个特征，意味着现代人类社会的雏形在人类历史的最早期便已形成。

上述三种可能性背后都有证据支持。如果我必须猜测哪一个可能性是正确的，那么我认为是第三个，因为它既符合现代狩猎采集者的行为模式，又是我们和黑猩猩共有的模式。

验证假设

如果语言进化是为了维系更大的群体，那么我们应该可以推测语言在设计上具备实现这一目的的特征：其一是会话群体规模应比传统灵长类梳毛群体大，并成一定比例；其二是会话时间应主要用于交流社会信息。至少在某种意义上，后者会成为验证假设的强有力论据。因为传统观念认为语言存在是为了促进信息交流，了解我们身处的世界，正如我们花时间讨论湖里的野牛一样。

为了验证这些推测，学生们和我取样调查了各种场合的会话组。我们唯一的前提是受试者必须是放松地和朋友在一起。我们想要避开正式场合，因其会话规则往往受到刻意限制。我们在大学的自助餐厅、公共场合前台、消防演习期间（人们正在等候解除警报的信号返回疏散楼）、火车上和酒吧里进行抽样调查。

我们的第一个发现是会话组人数不会无限大。事实上，参与会话的人数有一个决定性的上限，那就是4个人。下次在接待会或派对上，你不妨观察一下周围，你会发现会话往往开始于两三个人互相谈话。每个人轮流说话，倾听者努力参与其中，互相接话或挪动身体让其参与进来。然而，当组员达到5人时，情况开始不妙。会话组变得不稳定，尽管努力维持（通常会话组都会尽力），也不可能让所有人的注意力保持集中。然后，人们会开始两两对话，在组内各自聊起来。最终，人们会分成几组，形成新的会话组。这是人类会话行为一个显著的特征，我保证你在社交场合花上几分钟观察便会察觉。

既然每次只能有一个人说话（除了偶尔同时说话或试图打断插话），会话组人数不超过4人，就意味着会有3位听众。这是有趣的数字，因为正好是传统梳毛互动对象数的3倍——通常是1对1梳毛。灵长类中最大的群体黑猩猩，其平均群体规模为55只左右（注意是平均群体规模，而不是最大规模）。我们推算（和观察）的现代人类群体规模为150人，几乎刚好是它们的3倍，这也许是惊人的巧合。换言之，群体规模和会话互动对象数量成正比：传统梳毛互动为1∶1，人类会话为1∶3，我认为人类群体规模之所以是黑猩猩的3倍，是因为投入同等的社交精力，人类可以与3倍于黑猩猩的对象数量互动。

我们的另一个发现是人类会话组的人数上限，并非社交规则的意外产物，而是人类听觉机制的产物。耳朵能听到多少决定了会话组的人数。20世纪五六十年代，人们曾深入研究嘈杂环境对于话语识别的影响，其中出现的两个现象尤其让我们感兴趣。

一个是当说话人和倾听者之间的距离超出2英尺（约60厘米）时，倾听者便很难辨别对方在说什么。针对距离长度和话语听辨率的计算表明，在最低噪声环境下，超过5英尺（约150厘米）的绝对上限距离，便根本无法听到对方在说什么。超出这个距离，说话人便要呼喊。事实上，我的一位学生丹·奈特（Dan Neule）指出，不同文化中习惯的说话音量与语言的元音数量成反比，也与语言发音的可辨识度成反比。厌恶近距离接触的文化群体，倾向于彼此大声说话，并使用易于辨识的元音。

就算在0.6英尺（约18厘米）的最小距离内讲话，在直径5英尺（约150厘米）的范围内，人们能听清对方说话的人数上限是7人。随着背景噪声增大，彼此间的最小忍受距离也随之下降，圈子中的人数也按比例下降。在城市街道或繁忙办公室的背景噪声下，圈子人数上限约为5人。在非常嘈杂的鸡尾酒派对上，人数上限下降至2人（即便如此，交流还是相当费劲的）。

我们推测语言进化是为了维系更大的群体所具备的另一个特征是，人们的对话内容主要围绕社交话题。我们细听了英格兰南北各地的会话，对不同年龄和社会背景的个人进行抽样研究。研究方法很简单：每隔30秒我们会问一个简单的问题"她/他在说什么？"。结果始终符合同一个模式：约三分之二的对话时间在谈论社交话题。其中包括讨论个人关系、个人喜恶、个人经历、他人行为等类似的话题。在总的对话时间里，其他话题所占比例都不超过10%，大部分只占2%或3%，连运动和休闲话题也就勉强达到10%。这些话题涵盖了精神生活中所有重要的部分，即政治、宗教、道德、文化和工作。

结束上述研究后，我们发现其他科学家也对会话进行过抽样研究。牛津大学的心理学家尼古拉斯·艾姆勒（Nicholas Emler）对闲聊及其作用特别感兴趣。他在邓迪大学期间研究了苏格兰人的会话，同样，他得出的数据也是谈论社交话题的时间占60%～70%。他认为闲聊最重要的作用之一，是让人了解（当然也影响）其他人的名声和自己的名声。在他看来，闲聊是对名声的管理。

综合而言，上述观察结论支持我们的观点，语言进化促进了社交团体的维系，而这一点主要是通过社交信息的交流而实现的。

高耗能组织假说

原始人祖先进化出大脑袋，进而具备语言天赋，引发出一些根本性问题。脑组织目前是身体中最耗能的部分，有别于其他身体组织，即便在安静状态下，依然保持高度活跃。神经细胞的运作是通过在细胞膜内维持某一电势，使得钠离子（自由原子）外流而钾离子内流。神经放电好比开闸放洪产生电涌。在自然状态下，离子从细胞膜的高浓度侧移向低浓度侧，必须通过离子泵驱使离子逆行，做好神经放电准备。离子泵消耗大量能量来维持神经轴突电位差，蓄势待发。

此外，神经递质运作需要消耗大量能量，才能促进神经元之间放电，每回神经轴突放电后，还需要消耗大量能量来恢复。事实上，每千克神经组织的耗能要比其他身体组织高10倍，大脑消耗身体20%的总能量输出，却只占2%的体重。

这就引发了一个问题，正如第四章所述，现代人的脑容量比与我们同等体型的哺乳动物的脑容量大9倍，比与我们同等体型的灵长类的脑容量大6倍。而能量产出总量与体型直接相关。因此，尽管我们的大脑容量比其他灵长类的大（更耗能），但是我们身体产出的能量与同等体型的哺乳动物的不相伯仲。那么没有额外的能源补充，我们是如何维持更大的大脑运转的？

莱斯利·艾洛和彼得·韦勒最近指出，答案在于人类的肠胃要比同等体型的哺乳动物的小。他们发现，身体各部分的能量消耗中，大脑、心脏、肾脏、肝脏和连接这些器官的肠道耗能占哺乳动物耗能的85%～90%。因此，脑容量增大所需的额外能量必然来自这些器官。

问题在于心脏、肾脏和肝脏与哺乳动物的体型密切相关，它们负责维持健康的组织活动。心脏小了供血就减少，肌肉就无法积存力量进行高强度运动；肾脏或肝脏小了，血液排毒代谢减缓，肌肉能量就减少（血液未能排毒，身体中毒风险增高）。总而言之，要节省能量供应给大脑，唯一能精减的是肠胃。然而，如果肠胃尺寸减小，血液从食物中吸收的能量便降低。这不是自相矛盾吗？肠胃从食物吸收能量的比率与其面积相关，也就是与肠胃总容量相关，肠胃尺寸最终限制了大脑容量。想要获得更大的脑容量，体型必须增大来容纳更大的肠胃。小猴子之所以不太聪明（无关乎语言），是因为它们体型太小装不下足够大的肠胃来支持大脑袋的神经活动。

有一个办法破解这一死结，原始人祖先正是这么做的。肠胃尺寸减小后为保持能量摄入，可以选择营养更丰富或更容易吸收的食物。如此一来，肠胃可以消耗较少的能量吸收同等营养。

许多小型夜行性动物吃虫子，大部分灵长类靠树叶或水果为生。虫子能量高但只有体型很小的动物能赖以为生，因为虫子很难捕捉，即便最大的虫子也没多大。对大中型灵长类而言，两类食物中，树叶的营养更低且更难吸收。大部分树叶的细胞壁含有各种纤维素，对哺乳动物来说不易吸收。

以树叶为生的物种借助细菌发酵树叶，寄主再通过肠胃消化细菌，就可直接通过细胞吸收营养。奶牛、羚羊和其他反刍哺乳动物正是这么做的，反刍过程中细菌通过发酵消化叶细胞。疣猴、旧世界叶猴和新世界吼猴等灵长类也有类似的行为（但不是反刍）。但这种进食方式也有代价。发酵树叶需要一个较大的空间，因此以树叶为生的哺乳动物肠胃都很大。胃变大用来发酵树叶，肠道褶皱增多用来吸收细菌营养。肠胃小的物种则不适合以树叶为生。

这种需要发酵消化食物的动物还面临其他问题，这对我们的理论具有重要意义。在发酵过程中，细菌需要时间完成任务，同时产生大量热量，动物的核心温度就会上升。身体温度一旦上升，细菌就不能有效发酵。因此，把胃填满后，需要停下来消化食物颗粒，腾出空间再继续进食。好好观察一群奶牛你便能看到这个情形，进食几小时后，奶牛会到角落安顿下来咀嚼反刍；数小时后，肠胃腾出空间，它们再继续吃。如此反复，夜以继日，进食和反刍每隔4小时循环一次。

灵长类动物也不例外，食物构成中树叶的比例和其休息的时间成正比。叶猴和吼猴日间休息时间高达

70%~80%；而狒狒和黑猩猩等以富含能量的水果为主食的物种休息时间仅占10%~20%。这就导致一个结果，吃树叶的动物相对于食果类动物的社交活动时间大幅削减（2%~5%），后者则能投入15%的时间用以梳毛。因此，尽管脑容量足以支持大群体，叶猴和吼猴也缺乏足够时间梳毛以维持群体规模。所有大型社交灵长类动物都以果实为生。果实、种子和块茎（某些植物的地下贮藏器官）在所有植物性食物中富含能量最高，最适宜灵长类吸收。但是原始人祖先如果以果实为食，便不可能在食物上发生重大变化进而精减肠胃。只有一种食物来源营养更为丰富，那就是肉。肉富含能量，尤其易于消化吸收。于是，食肉动物的肠胃小得与体型不成正比。转为吃肉后，原始人祖先可以节省大量肠胃空间，同时不减少能量摄入。

200万年前大脑容量开始增加，素食的南方古猿转变成肉食的智人。当时大部分的肉来源于捕杀其他动物，如意外捕杀的鸟类、爬行类、哺乳类幼崽，而不是大规模狩猎。然而，50万年前大脑容量突然增大的同时，有组织狩猎也随之出现。从那时开始，肉变得越发重要。我们在非洲和欧亚大陆的化石遗址中发现大量哺乳动物的骨头，包括其他灵长类的。骨头上常有切痕，意味着曾遭到故意肢解。有些物种在大规模狩猎中灭绝了，例如，在肯尼亚南部的欧罗结撒依立耶遗址[1]（Olorgasaillie site）中，我们发现早已灭绝的大狒狒曾经数量如此庞大，表明原始人类狩猎是它们最终灭绝的主要影响因素。

简而言之，艾洛和韦勒认为我们祖先的超级大脑之所以有可能形成，是因为他们大规模转向肉食，才能组成更大的群体，迁徙扩散，开拓世界。才能从非洲东部和南部的祖先家园，迈向更广阔的天地，如同池塘里扩散开的涟漪。

"早产儿"人类

脑容量增大隐藏着潜在的代价。如果我们针对不同

---

[1] 肯尼亚裂谷（Rift Valley）南面名为欧罗结撒依立耶（Olorgasailie）的地方，该区曾是直立猿人的栖息地。——译者注

物种的脑容量与它们的妊娠期以"鼠—象[1]"曲线的形式作图，就会发现两个变量密切相关。老鼠的小脑袋仅有10克，妊娠周期为3周，而大象脑容量和人类一样，妊娠周期为21个月。所有哺乳类物种的妊娠周期都在这个范围内，可见脑组织在妊娠周期内逐步发育，有赖于母体为胎儿供应额外能量的能力。实际上，婴儿的脑容量决定了妊娠时间的长短，所有物种都在大脑发育大致完成时分娩。灵长类婴儿在大脑完全发育后才出生，出生后大脑生长变化不大。

然而人类是个例外。人类婴儿大脑发育不到三分之一便出生了。剩余的部分在出生后第一年继续生长发育。按照和我们脑容量相当的传统哺乳动物的妊娠期公式计算，妊娠时间需要21个月，这与人类婴儿大脑发育完全所需要的时间相吻合：子宫里9个月的妊娠期加上出生后12个月。因而，人类婴儿是不具备自我照料能力的"早产儿"。猴子或猿类的幼崽出生后即可行

---

[1] 著名动物能量和营养学家马克斯·克雷伯（MaxKleiber）在生理学中提出异速增长方程，即哺乳动物的代谢率随体重的0.75次幂进行变化（$b=3/4$），这就是经典的"鼠—象"曲线，也被称为克雷伯法则（或3/4定律）。——译者注

走，几周之内便能成为社交群体中能干的一员。相反，一般人类婴儿出生后，连发出咯咯声犒劳父母的辛苦都做不到。到一周岁生日时，大脑全面发育，才能够学习走路，开始正常生活。

人类体型变小脑容量却猛增，必然导致提前分娩。我们需要更多脑容量来应对更大的群体，但迫于其他生态压力，体型却在变瘦、变矮。这本来没有什么问题，可是婴儿出生必经的产道长度仅为婴儿身长的平方，而脑容量却增大到身长的立方。要想让越来越大的头经过越来越窄的产道，会造成不可避免的难产问题，因此必须得有所改变才能解决。

发生变化的环节是分娩时间。出生时婴儿大脑尚未完全发育（不像大部分哺乳类那样），我们的折中办法是在婴儿能存活的前提下尽早分娩，让其在子宫外继续发育生长。人类婴儿的早产时间让人震惊。正因为如此，6个月或7个月便出生的早产儿，生存下去会更加艰难。他们的确在生死边缘挣扎，因为即便足月生下来，人类婴儿依然是"早产儿"。

对我们的祖先而言，脑容量增大的代价相当高。引发出成功繁衍后代以及为后代付出的问题，对此也引起了更多的关注。猴子和猿类只需5年到10年就能将所有必需的信息和经验吸收进小小的脑袋里，用以应对生活的世界。而人类则需要更长的时间，学习过程延长至15年到20年。事实上，随着脑容量增大，从妊娠、断奶、性成熟到繁殖等所有环节都减慢并使时间大大延长了。

雄性的父亲角色变得重要，因为雌性（是否已可称为女性？）无法在承担所有抚养责任的同时又自行觅食。换言之，正是在这个时候，人类雌性和雄性间开始出现后来那种成双成对的紧密关系。

这一点从人类体型性二态性[1]的降低便可看出。在早期历史中的南方古猿阶段，雄性体型要比雌性大很多——部分大50%。哺乳动物的性二态性突出，必然与其一雄多雌的求偶体系相关，少数强壮雄性共享所有雌性。后来的原始人性二态性下降，雄性体重仅比雌性体重重10%~20%，在与雌性配对时，雄性之间机会更均

---

[1] 性二态性是指生物体的雌、雄性之间具有明显不同的性别特征。如果一个物种两性之间体型相差较大，就称为二态性较高。——译者注

衡（尽管部分雄性更胜一筹）。

灵长类求偶体系演变的另一个可靠指标是雄性和雌性的犬齿尺寸的变化。一个物种如果靠雄性来保护大群雌性，或需要公开竞争赢取与雌性交配的机会，两性之间的犬齿尺寸会有明显差异。因为犬齿是雄性为争夺雌性打斗时最主要的武器。相反，像长臂猿这种终身奉行一夫一妻制的物种，犬齿尺寸的两性差别可以忽略不计（甚至雌性犬齿更大）。南方古猿和早期智人的性二态性相当高，相对于体型而言，雄性的犬齿尺寸比雌性大25%，与滥交的黑猩猩差不多。然而，200万年来，犬齿性二态性在逐渐降低，5万年前达到最低点，雄性犬齿尺寸仅比雌性大10%。这说明一雄多雌的求偶体系在演变。

这并不意味着一夫一妻已经进化产生。尽管人类成双成对关系紧密，但解剖学上却找不到一夫一妻制的证据。但这确实可以说明，"后宫"群体在减少，也许一个雄性只配对两个雌性。随着雌性怀孕后要求雄性提供更多供养，我们认为雄性只配对一个雌性这是必然的。从现代狩猎采集者的经验判断，雌性超过两个，雄性便难以提供足够的肉来供养她们和后代。这至少解释了为什么解剖学证据无法显示现代人类实行一夫多妻制，但同时雌雄之间又成双成对关系密切（预示着一夫一妻制）的矛盾。

第七章

Chapter 07

最初的语言

语言进化引发两大相互关联的根本性问题。一是语言（话语）第一次进化时呈现的形式是怎样的？二是倘若起初只有一种语言，那是在什么时候产生的，以及为什么会从一种语言演变发展出如今的6000多种语言？本章将试图回答第一个问题，第二个问题将在第八章进行探讨。

由于历史久远且缺乏化石记录，我的解答必然挂一漏万。但至少我们的思考比前人更深入，我也将为之努力。

先不管最初语言由何时进化而来，我们首先需要厘清的是以下谜团：非语言形式的交流何以发展成语言形式？非语言本身如何转变成语言？最初的词语发音是怎样的？我们如今听来会把它们当作人类语言的一种吗？最后，是谁在使用这些语言？

有关语言最早的形式这个问题众说纷纭，莫衷一是。其中一派认为语言起源于手势动作，另一派则认为语言起源于类似猴子的叫声。还有观点认为语言起源于歌谣。每种假说都有充足的证据支持，都看似有理。

方便起见，我们首先分析手势起源一说，因为这一说法仍广受推崇，也恰好反映出我们研究中的重要问题。后面我们再来探讨歌谣起源论。

风中之手势

语言与瞄准投射的精细运动控制区域均位于同一脑半球，大部分人为左脑，手势起源理论其中一个版本正是以此现象立论的。说话需要非常精细的运动控制，包括嘴唇、舌头、声带和胸腔，分工协调、齐头并进方能发出特定声音。例如，hay 中的 /a:/ 音，一般发音是靠嘴角向两侧拉开，两唇之间形成窄缝。但在发 /oh:/ 音时，就需要嘴唇呈圆形撅起。这个读音看起来如 /a:/，但发音的结果更像被压住的 /oi:/。除精细运动控制以外，说话还需精确控制呼吸，肺部以适中之力排出适量空气（如爆破音 b 和 p 与 e 和 c 的差别）。

因此在解剖学上出现了以下变化：猴类共有的犬型胸腔演变成猿类特有的扁平胸腔。猴类等大部分哺乳动物的肩胛骨（固定和支撑手臂的扁骨）都位于胸腔侧面，行走或奔跑时手臂可以前后摆动。问题在于猴子的肩胛带连接胸腔的方式限制了呼吸的频率，当全身的力量集中在手臂时，胸腔呼吸的扩张与收缩能力将受限，这就导致猴子每爬一步只能喘一口气。

猿类采取爬行的生活方式后，需要手臂高举过头牵引身体垂直向上，双脚勾抱树干，其祖先的猴式胸腔便成为一大障碍。为了向上爬时能伸手举过头，猿的胸腔须变成扁平状，肩胛骨移向胸腔后部，手臂关节挪至胸腔外缘。如此一来，猿类能在肩膀上甩臂打圈。正因如此，长臂猿（小型猿）可凭手臂吊荡在树木之间，大型猿能引体爬上树干，我们可以打棒球。而猴类却无法完成以上动作，因为肩胛骨的位置妨碍了手臂运动。

扁平的胸腔构造，除了为人类祖先进化成双足直立行走做铺垫（站立和行走时重心上升至脚部以上），还解决了猴子呼吸受限的问题。如今我们随意活动手臂也能呼吸自如，边活动边说话也无须停顿。

解剖学上如此微妙而关键的变化连带促成另一行为：瞄准投射。尽管其他猿类和猴类也会投物，但准确性不高，唯有现代人类能于外场投射板球时命中三柱门（守门员只需稍具运动天赋，至少可投至其手中）。然而单单从手臂力量来说，普通黑猩猩可以轻松打败任何奥运田径赛冠军。所幸猿类缺乏投枪所需的精细运动控制，无法参与田赛竞技。对未来的泰莎·桑德森[1]而言这可是个好消息。

瞄准投射对狩猎的重要性不言而喻，显然语言产生于投射动作之后。瞄准投射所需的精细运动控制形成神经机制，借以控制言语器官的精细运动。身体一侧的感

---

1 泰莎·桑德森（Tessa Sandersons）奥运会标枪金牌选手。——译者注

觉神经和运动神经交叉传送至另一边脑半球（右侧身体由左脑控制，左侧身体由右脑控制）。大部分人右手投射，投射的运动控制位于左脑，因此语言控制也位于此（大部分人确实如此）。

然而，该说法有待商榷。首先，语言与投射所涉及的概念思维逻辑截然不同。其次，难以想象复杂的手势语言是如何传达的。

手势语言可有效发出指令（招手示意"过来"），提醒注意某事（指向某事物），或强调观点（食指一点）。我们可以用手势表达愤怒（挥动拳头）、屈服（合掌请求或举手投降）或友好（挥手或握手）。但我们无法用手势语言表达抽象概念，例如，指示当下以外的地方/时间，或规划未来。否则，打哑谜游戏便毫无乐趣可言。(这是一种靠肢体语言表达概念的游戏，对沟通技巧考验至极，让人黔驴技穷，是一项有趣的室内游戏。)更重要的是，手势语言无法用于讨论他人行为（除扬起眉毛之类的简单表态）。换言之，我们用手势沟通仅限于表达情绪状态，而这些猴子和猩猩用叫声就能很好地表达（当然它们也会打手势）。然而手势起源理论的真正问题在于它并不实用。你和对方说话时，双方都要保持眼神交流。更重要的是，热带地区昼夜均分，早期人类只能从日落"静坐"至破晓。他们无法讲述古老的故事，更别说讨论第二天去哪儿打猎，唯一的夜间消遣便是梳毛和交配。

语言则突破了上述限制。我们可以围坐火堆旁追忆往事和讲故事；我们可高声发号施令或询问，即便未见其人，500米以外亦可闻其声。

此外，有一个尚未提出过的问题：为什么是左脑控制投射而不是右脑（用左手投射）？唯一的解释是历史的偶然性，但这一解释并不具有说服性，生物学上确实存在历史的偶然性，典型例子包括哪个遗传性别扮演"女性"生育（或产卵）角色[1]。大脑的不对称性更难解释，因为脑半球的分工并无明确原因。

为什么人类没能进化成像其他灵长类那样，双手一样灵敏？我给出的解释（实际上也不过是一种猜测）是

---

1 哺乳动物是XX染色体性别，鸟类和蝴蝶是XY染色体性别，三类物种中哪方负责生育（或产卵），哪方负责提供精子，纯属随机决定。

右脑已不堪重负。语言进化产生于左脑是因为左脑空间充足。语言进化产生后，投射所需的精细运动控制亦位于此，要么出于相同原因，要么由于左脑已开始专注意识思维，这正为瞄准投射所需。换言之，进化顺序恰好与手势理论提出的观点截然相反。

我认为右脑主要负责处理情感信息。有证据表明当有关情感的蛛丝马迹出现在视线左侧时，大脑的识别速度更快（传送至右脑[1]）。这是动物世界的普遍特征，大脑一侧的视觉识别能力更强，似乎古已有之。2.5亿年前的三叶虫化石中右侧疤痕更密，可见捕食者的袭击通常来自其左方。在2000万年前的海豚骨骼化石中鲨鱼牙印亦分布于右侧，再次表明捕食者习惯将猎物锁定在其左边视野中。

现存物种的相关证据表明，该趋势进一步进化使大脑对身体左侧的视觉和情感细节更为敏感。朱莉娅·卡斯普特（Julia Casperd）和我已证实雄性狮尾狒打斗时倾

---

[1] 有别于身体其他器官，视觉左右分开：眼睛左半部分神经传导至右脑，右半部分传导到至左脑。

向于将对手锁定在视野左方。初次交锋时动物彼此通过表情示意，互相威胁。若双方均未让步，最终便升级为身体攻击。显然，雄性必须监视对手的一举一动，不可错过任何能表露对方真实意图的蛛丝马迹。对方的威胁是不是在虚张声势？眼神闪烁是否流露出打退堂鼓的念头？右脑更敏感意味着将对手置于左侧视野（让影像传送至视网膜右侧[1]），可确保不遗漏任何细枝末节。

人类也是如此。你是否察觉拍照时人们将头偏向一方，以左脸正对镜头。翻看家庭相册时，你会发现人们在随意摆拍时通常会将头稍微转向右侧，以左眼余光看镜头，唯有合照等正式摆拍时方会正对镜头。

吉姆·登曼（Jim Denman）和约翰·曼宁（John Manning）发现用视速仪将演员的面部表情快速投射至视网膜特定位置时，如果图片置于视网膜右侧，正确识别演员情绪的可能性更高（左撇子则反过来）。我的学生凯瑟琳·洛（Catherine Lowe）在另一项研究中发现，

---

[1] 身体左方的物体（位于左侧视野中）投射至眼球底部视网膜右侧。影像经过眼睛的晶状体产生倒像，我们实际看到的是颠倒的世界。

母亲将婴儿抱于左侧，更容易察觉到婴儿的面部表情。这解释了为何大部分人，尤其是母亲，习惯将婴儿抱于左怀。另一种解释——母亲心跳可让婴儿回忆起在子宫的时光——并不正确，心脏位于胸腔中部，而非普遍误解的左边。

其他猿猴在捕捉情感细节方面也存在敏感度方面的不对称，表明该现象较为普遍。马克·豪泽（Mark Hauser）发现猴子在做鬼脸时，左脸比右脸反应更快更激烈。当然，左脸受右脑控制。敏感度的不对称远在原始人之前便已出现，更别说进化出语言的人类了，甚至还要早于灵长类的出现。这些都表明，右脑已经满负荷地运作以监测并控制情绪反应。动物的情感表现反映其目的、意图，因此正确解读表情信号，然后给予恰如其分的情感回应，正是灵长类社交生活的内涵所在。这些内容蕴含着第五章谈及的意向层级的雏形。

鉴于上述情况，语言自然应由左脑主宰，因为左脑空间充裕，可专设神经控制中心。我们当中右撇子居多，原因在于语言使左脑产生一种特殊的思想意识，可更好地控制右手投射，因而右手更灵活。

心理学家朱利安·杰尼斯（Julian Jaynes）在其影响深远的著作《二分心智的崩塌：人类意识的起源》（*The Origin of Consciousness in the Breakdown of the Bicameral Mind*）中提出过类似的观点。例如，他引用中东文学的证据表明，公元前1200年的古希腊荷马史诗作者意识尚未完全觉醒。杰尼斯惊人地发现该时期所有作品均缺乏内省：作者不提及情感，而是采用直接的方式叙述。他认为意识在公元前第一个千年之初产生，左脑（语言）逐步控制右脑（情感）。我认为杰尼斯的思路正确，但其记叙错将两个独立事件混为一谈：一是左脑意识日渐占据主宰地位（语言进化产生时必定出现该现象）；二是人表达内在情感状态的能力。

语言与情感表达控制中心的差别引发有趣而出人意料的结果。语言位于左脑，音乐（和诗歌）却位于右脑。数年前托马斯·贝弗（Thomas Bever）和罗伯特·基亚雷洛（Robert Chiarello）的一项研究表明，戴上耳机识别曲调时，未经训练的音乐家（学习音乐课程少于3年）左耳（由右脑监控）较右耳反应快。训练有素的音乐家则相差无几，因后者已培养出将曲子抽丝剥茧的意识，而非整曲来听。

可见，音乐赏析等意识行为发生于左脑（话语及其他"意识"活动亦然），右脑则对音乐旋律与节奏做出情感反应。同样，证据显示诗歌的音乐性由右脑处理，而语言内容——词语则经左脑处理。正因如此，左侧身体中风丧失话语能力后，童谣可鼓励病人重新说话。因为童谣之类的简单诗歌和歌谣，更可能储存于完好无损的右脑。

此外，音乐位于右脑这一观点表明语言从歌谣进化而来一说不完全正确。歌谣当然包含词语，但词语由左脑处理。歌谣（和音乐）的情感共鸣非词语所能企及，歌谣可唤起强烈的集体情感，而右脑的音乐却很难催生出左脑的语言。更合理的推测是，语言进化时，情感丰富的音乐中心借用语言来创作歌谣，因为音乐和歌谣是表达群体情感的有效手段。

总而言之，语言手势起源论变得让人难以信服。况且，几乎所有人类语言交流的特征在旧世界猴类和猿类的发音中均能找到雏形。如此看来，语言一开始起源于声音的进化理论更让人信服。

回想早前提到的长尾黑颚猴。多萝西·切尼（Dorothy Cheney）和罗伯特·赛法斯（Robert Seyfarth）已证实长尾黑颚猴的发声不仅表达情感状态，还传达实在意义。例如，警报叫声指代特定类型的捕食者，仅凭声音信息便可分辨捕食者的种类，或打招呼式的呼噜声实际上在描述最新情况。

狮尾狒的交谈模式也是一个例子。亲历者均感叹其呼叫间歇有序。布鲁斯·里奇曼（Bruce Richman）证实狮尾狒能准确把握呼叫的间隔时间，此唱彼和，互相呼应。里奇曼认为，这并非简单的接话，而是不失时机的预测。这是人类会话的一大特征：二人交谈时互相穿插附和（"哦！""不会吧！"）以确保（大部分时候）只有一人说话时，谈话丝毫不会中断。因为他们能根据说话者提供的线索，预测对方何时收尾，例如，话尾声调上扬，或说话者在即将停顿前向对方匆匆一瞥。

人类语言的另一独特之处是元音的发音。没有元音便不可能有语言，元音将一串声音切分为易于分辨的小节（音节）从而形成词语。长期以来人们认为猴类和猿类无法发出元音，因其口腔和喉腔构造欠佳。然而，几项最新研究发声方式的结果表明，狮尾狒和猕猴等能够发出类似的元音。这意味着在进化的过程中，远在人类出现之前，人类话语的发声机制便已存在。问题不在于发声机制，而在于协调发声和赋予声音意义的认知机制（但长尾黑颚猴的研究表明，最后这点存在疑问）。换言之，我们已能在旧世界猴身上看到许多人类话语的雏形。长尾黑颚猴的呼叫声是一种原始语原型，随意发声来指代具体物体，传达谁在做什么的信息（或将要做什么）。此外，呼叫声背后隐含着不同程度的情感含义，一如我们的语言表达。可见，语言的产生无须经过手势阶段演变而来，声音表达足以。由此进化形成固定声音模式仅需一小步，便可传达更多信息，然后再向前一小步，便可产生语言。

这一切都表明，原本互不相关的解剖学因素和神经学因素经长期发展，逐步融合，促成了语言能力的进化。单一因素无法触发语言进化，但完成这场进化缺一不可，少了其中任何一项，人类今天便无法彼此交流。

仪式和歌谣

语言起源于传统猿类发音一说已被我们接纳，但对于进一步如何发展仍存在分歧。有观点认为，语言以歌谣形式进化，加强舞蹈仪式，以唤起集体情感共鸣。还有观点认为，语言进化是为了交流群体成员信息的。目前我认为后者更全面。但歌谣在我们生活中扮演的角色也格外重要，因此，该观点也值得认真思考。

人类在社交生活中非常倚重歌谣和舞蹈，两者在所有已知的社会中均不可或缺。细想之下，这两项活动非同一般。许多物种会唱歌，包括鸟类和灵长类（长臂猿）等，我们欣然将其早晨的发声表演当作歌谣。其实，鸟类和灵长类的"歌谣"大多是为了护卫领地或求偶。

当然，人类歌谣也具备同样功能。马赛勇士在一群少女面前唱歌跳舞，展示个人的高超技艺。该场合里，歌曲无一例外赞颂歌者的男子气概。我们一般不会用唱歌来宣示主权，但出战时唱歌并不罕见。新西兰的毛利人和许多波利尼西亚人也是如此，开战前用仪式歌曲和舞蹈来恫吓敌人。该传统至今仍为新西兰国家橄榄球队——全黑队所保留。每逢苏格兰军队出征，总有风笛军乐团打头阵，该传统一直保留至1944年诺曼底登陆。运动场上人们唱响国歌和俱乐部歌，情感之热烈绝无仅有。

并非所有歌曲和舞蹈均在人类社会中发挥同样功能。我们在教堂或篝火旁唱歌，在酒吧和剧院唱歌，这些都与爱国主义、战争或求偶没多大关系。那我们为什么唱歌？或许与此相矛盾的是，这个问题的答案正解释了一个令人费解的人类行为特点：个体渴望臣服于另一个体的个人意志这种强烈的意愿。人群效应正是最怪异吓人的人类行为。

早在20世纪60年代，心理学家发现"风险转移"现象：假如让一个人发表意见或做稍微极端的事（如支持死刑），其观点一般较为温和。但若先让他参与集体讨论，结果必然更极端。

歌曲和舞蹈另有鲜有人关注的一面，就是两种表演都耗能甚高。当然，我们本能地知道这一点，从舞池下来会感觉筋疲力尽。歌唱家和音乐家亦不例外，表演结束后大汗淋漓。有造诣的女歌剧家都明白唱好歌不容易，需要大量练习才能控制好呼吸和发音。大部分富有感染力的歌唱往往用最低音。低沉声音得来不易，需高大体格来充分利用共鸣腔发声。动物界不乏这类研究实例，如动物发出低音暗示体型庞大，让对手闻而生畏，从蟾蜍到红鹿均如此。生物学家称为"低音"的现象奏效是因为低音不易发出，体型最为高大的动物才能发出最低沉的声音，并承受发低音所消耗的能量。所以发出低音意味着身强体壮。

不只在动物中有这种现象，人类社会也是如此。我们走在路上会给壮汉让道，却去抢占小个子的道路。女性身型娇小尤受困扰，有些人误认为这是因为男性对女性"天生"粗鲁，但其实同性之间也是这样的。

此类潜规则所引发的生活现象既有趣又让人意想不到。例如，南北战争后的美国总统大选中，身材矮小者从未获胜。事实上，1988年迈克尔·杜卡基斯[1]和乔治·布什竞选总统时，杜卡基斯的竞选经理坚决拒绝让

1　根据资料显示杜卡基斯身高5英尺8英寸（约173厘米）。——译者注

他与布什在电视辩论中同台发言。布什身高六英尺（约180厘米），讲台到其胸部，换成杜卡基斯便到下巴，竞选经理担心这会让他落败。因此，每位候选人发言后，讲台会重新调整至适合的高度。竞选团队也会细心安排，确保候选人不会在这种场合并排而站。

目睹偶像真人后，人们常对其身高感到意外。大部分人与女王会面后会说"她好娇小！我以为她会更高大！"。人们期望成功者和强大者身型高大。形容成功与不成功的人，或形容领导和下属，人们常用"高大"、"聪明"和"有魅力"来形容前者。实际上这么说也没错，调查显示成功人士平均而言身高更高。舒马赫（A. Schumacher）在德国的一项研究表明，在同等社会阶层和学历下，资深护士比初级护士高，熟练木匠比新手高，成功的律师比欠成功者高，行业高层领导比中层领导高。身材高大是否会更聪明或导致人们更多地为其避让，这还有待考证。事实上身材高大者更容易获得成功。倘若身高不足平均水平，那要想获取同样的成功，便要付出更多的努力。

几乎所有人类文化都运用低沉的声音打造一种强者

的印象。毛利人和马赛勇士用最低音哼唱战曲。成功的演讲家不会尖声说话或运用假音，而是降低音调。1975年玛格丽特·撒切尔当选英国保守党领袖后，经形象设计师训练，她把正常说话的声音降低将近半个音阶。若非如此，很难想象她会在1979年取得压倒性胜利。

事实上，撒切尔夫人的团队想让她像男人般说话。这让人联想到男孩青春期变声，声音变得比女性更深沉浑厚。变声的原因一直是个谜，毕竟青年男女轻快的高音亦无不可，女性未经变声，成人后也能应付自如。"低音"现象给出一个可能的答案：人类男性面临的择偶压力大，性活跃期声音才进化变得深沉。男性彼此竞争，争夺女性交配权，声音比拼始终（至今亦然）为决定胜负的方法之一。女性无须变声是因为她们不必彼此相争，但女性更青睐低沉男音，加剧了男性的内部竞争（第九章将深入讨论求偶选择）。

然而，唱歌与跳舞不仅仅能产生一种"低音"现象，还能让人产生欢欣愉快、幸福温暖的感觉。两者都能让大脑产生内源性鸦片物质，让我们因此感到愉快。人类为何迷恋此般神奇效果，对此充满热情？我认为答案在于人类群体庞大，难以长久维系。个体之间多有利益冲突，常有分裂离散的风险，姑且勿论"搭便车"者趁机占便宜，随着群体不断壮大，观点分歧产生矛盾，人们便会开始拉帮结派。

人类进化过程中团结群体谋求生存，不易为之，至今仍感不易。试想协调25万年前非洲树林里的150人，光靠语言不足以为之。人们丝毫不关心观点是否有理有据，煽动人心的言辞才能鼓舞行动，让人热情高涨、伺机而动、不计得失。歌唱和舞蹈扮演着重要作用：激发人们情绪，刺激产生内源性鸦片物质以鼓动人心。

人类学家克里斯·奈特（Chris Knight）认为，借助仪式唤起情感共鸣来团结群体属于非常古老的人类行为特征，恰恰伴随着人类文化和语言的出现。他认为通过仪式协调群体行为离不开语言，这或许正是语言进化的最终动力。生活在非洲南部树林的原始人之所以能说"我们扮羚羊跳羚羊舞吧"（庆祝少女月经初潮的舞蹈，标志着加入成年女性群体），语言必不可少。

奈特关于运用语言组织仪式并使仪式形式化的观点毋庸置疑，但关于语言进化专为组织仪式的说法我未敢苟同。我认为，语言进化是为了交换社交信息，凝聚团结，后来为宗教场合所用，宗教活动原已有之，语言使之落实成具体仪式。离开语言，更新世时期的羚羊舞便无法形成具体活动，而是一种非正式的即兴活动，更像地方足球俱乐部周六下午的闲聚。此类舞蹈于我而言实属非常古老的仪式。语言让自发行为形式化，赋予形而上学或宗教意义，增加凝聚性。但在我看来，这必定发生于旧石器时代晚期革命期间，当时宗教信仰和象征性思维的证据首次出现。

谈及于此，便回到语言更为有趣的另一话题，即语言在情感表达方面力有不逮。在纯粹传达信息方面语言算是最为神奇的发明，却无力表达触动灵魂最深处的感情。这种情况下，我们常感到"无以言表"。一种关系形成之初，语言是极好的辅助工具，可让人了解心仪的对象或合作伙伴。但随着关系深入发展，我们抛弃语言回归古老的仪式，互相接触和直接互动。在生命的关键时刻，从灵长类祖先遗传而来的梳毛，重新成为维系感情的方式。因为身体接触的触动和抚慰效果是语言所无法企及的。简单地抚摸轻触刺激大脑产生内源性鸦片物质，这是语言所不及之处。

自相矛盾的是，我们享尽语言带来的种种益处，却不得不再次逆历史进程而行，保留原始的行为。我们学会了争论和辩解，同时还需要更原始的情感机制来团结群体、提高效率。语言让人彼此了解，谈论谁跟谁在做什么，但语言本身不能维系群体。冰冷的言语逻辑需靠更深层次、更动情的东西来温暖，为此我们需要音乐与身体接触。我们拥有自然界最了不起的计算机器，最能言善辩的交流系统，最缜密的思维，但为求生存和有效繁衍，我们最终还得用回原始的情感招数，才能团结一致、同心同德。

最初的话语

这引发了一个有趣的问题：如果语言进化是为维系群体团结，是谁最先开口说话？"野牛在湖边"的语言观自然地认为语言是男性为了协调狩猎活动而产生的。这种说法认为，最初的语言是源于男性讨论捕捉湖里的野牛。然而，大部分灵长类物种的团体核心是雌性，她们组成团体并始终保持团结。相反，雄性的社会关系欠稳定，常徘徊于不同的群体之间，寻求更佳的求偶机会。大多数物种（黑猩猩是为数不多的例外之一）的雌性一直待在出生的群体中，而雄性成年后便离开原来的群体加入另一个群体，部分雄性甚至一直不断更换群体。

如果雌性构成最早期人类群体的核心，而语言进化是为维系群体团结，那最先开口说话的自然是早期人类女性。语言起初用于营造情感、保持团结之说得到了巩固。克里斯·奈特认为，起初语言进化是为团结早期群体中的女性，鞭策男性狩猎，为女性及其后代付出。总体而言，现代人的女性比男性更擅言辞，她们在社会领域中更游刃有余也说明了这一点。

然而，目前进化论人类学家已达成共识：人类社会并非由女性维系。因为多数传统社会有"从夫居"（新娘搬至丈夫的村落）的特点，原因在于大部分文化中男性主宰女性繁衍所需的资源（土地、狩猎场地）。但也并非全部如此，有证据表明，在更公平的经济体中（如狩猎采集者和现代工业社会），女性血缘联盟更牢固，男性往往不得不搬到妻子的村落。

该论断得到各种证据支持。例如，非洲中部的俾格米人，Y染色体基因分布范围更广，X染色体基因分布更集中。这意味着女性与亲族保持紧密联系，而男性为求偶活动范围更广，因此基因中的Y染色体分布范围更广。20世纪50年代关于伦敦东部贫民窟的一项社会学研究有类似发现：在贫瘠的环境里，女性近亲（母亲、女儿、姐妹、姑婶、甥侄）对女性的生存和成功生育至关重要，已婚女性住所离父母更近而离公婆较远。

我们的研究也发现类似情况。马特·斯波特斯（Mau Spoors）和我的一项社交网的研究发现，女性常联系的关系网（至少每月联系一次）较男性更大，且其中同性血亲（以堂表兄弟姐妹为界）占很大比例。我们联合亨利·普洛特金（Henry Plotkin）、珍·玛丽·理查兹（Jean-Marie Richards）和乔治·菲尔德曼（George Fieldman）做的一项实验性研究结果更让人惊讶。研究发现，为了同性至交的利益，女性愿意设身处地为对方承受苦楚，而男性之间则缺乏这种推己及人的无私精神。

综上所述，在促进人类进化方面，女性联盟的功劳不容小觑。克里斯·奈特认为，语言进化是为了缔结女性联盟并为之服务，而非传统观念所认为的男性联盟或狩猎活动促进语言进化。

目前尚不清楚，在语言形成之初，起催化作用的是希腊式高昂激情的合唱，还是群体成员间的信息交流。狮尾狒齐声呼喊时常互相呼应，激情澎湃，这一现象支持歌曲引发语言进化之说。狮尾狒的繁殖群呼喊时，参与者仅一两只母狒狒。偶有群起齐呼，以首领雄狒狒戏剧性的哈欠颤音收尾，仿佛是在给句子画上句号。雌狒狒发起群体呼喊并回应梳毛伙伴的呼叫，在它们看来这最重要。

随着更新世时期群体规模的扩大，成员对梳毛的情感需求日渐增强，时间都不怎么够用了，于是大草原狒狒的简单呼应演变为狮尾狒群体激昂的大合唱，人类祖先这一进化过程自然合理。如此一来，女性才是演变进程的真正幕后推手。

尽管雄性猴类和猿类联盟很普遍，却不如雌性那样紧密。弗兰斯·德·瓦尔（Frans de Waal）对阿纳姆动物园黑猩猩聚居地的研究明确了这一点。他发现雌性联盟属于亲属间长期的联盟，而雄性则是短期的权宜之计，后者仅需认清形势并清楚联盟目的。而长期联盟有赖于更深层次的联盟程序：必须具备更深的情感基础。

然而，到了某一阶段，单纯的情感行为必须为真正的语言和信息交流让位。若不依靠信息交流，难以想象更新世时期末期庞大群体能如此团结。尽管情感纽带对维系密友圈如此重要，但情感所能维系的亲密关系人数却有上限（10～15人的"共情群体"）。维系外层熟人圈关系则更多地依靠社会知识而非情感共鸣。

第八章

巴别塔之后

人类语言最奇怪之处要数其惊人的发展速度，短时间内发展出互不理解的语言。法语和意大利语本属同一拉丁语系，两者关系密切，但不到2000年的时间，大多数本族语者既不通晓拉丁语也不通晓对方语言。丹麦语和瑞典语源于斯堪的纳维亚语的不同方言，但不到1000年的时间，两种语言彼此互不相通。阅读乔叟的《坎特伯雷故事集》原版，你就能深感英语在600年间发生了多大的变化，半数词汇已难以辨认。甚至距今仅400年的莎士比亚作品有时也晦涩难懂，让人尴尬。

本章意在解释该现象。

巴别塔之倾塌

世界各地许多民族的神话故事都秉持人类同源的信念。大多数故事暗示（很少明说）远古时期所有人说同一种语言。圣经的巴别塔故事也提及所有人类曾说同一种语言。《创世纪》第十一章故事如下：

> 那时，天下人的口音言语都是一样的。他们往东边迁移时，在示拿地遇见一片平原，就住在那里……他们说："来吧，我们要建造一座城和一座塔，塔顶通天，为传扬我们的名声，免得我们分散在全地上。"耶和华降临，要看看世人所建造的城和塔。耶和华说："看哪，他们已经成了一样的人民，拥有一样的言语，如今竟做出这事来，那以后他们所要做的事就没有不成的了。我们下

去，在那里扰乱他们的口音，使他们言语彼此不通。"于是，耶和华使他们从那里分散在全地上，他们就停工不造城了。因耶和华在那里使天下人的言语变乱，使众人分散在全地上，所以城名叫巴别（就是"变乱"的意思）。

巴别塔并非神话传说，它确实存在。真名为七曜塔（意为天地之基的神塔），建于公元前7—公元前6世纪巴比伦王朝第二次兴盛时期。它是一座七层庙塔，或称阶形金字塔，塔顶为深蓝色琉璃砖砌成的神殿，献给当时亚述人当地众神中最强大的神灵玛杜克。约一个世纪后，大概在公元前450年，希腊历史学家希罗多德好不容易爬上陡峭的楼梯和坡道，希望寻找殿顶的神像。可惜，除了宝座，上面空空如也。

然而，古以色列的神话虚构者似乎另有所图。目前语言学家认为世界各种语言确实同源。然而，远在巴别塔之前该语言便存在，这让人难以理解为何后来的创世纪作者会把那个时代世人共说一语的真实民间记忆[1]与公元前6世纪的巴别塔真迹联系在一起。可以确定的一点是：巴比伦人兴建巴别塔时，地球各族人民并不是说同一种语言。当时，世界主要语系也已经存在了。语言重构的历史要追溯到威廉·琼斯（William Jones）爵士的时代。威廉·琼斯学识渊博、好学善思，直至18世纪末一直受任为加尔各答（印度东北部的港市）的法官。他深信通过古文学习，印度法律部门才能公正判案，他开始学习印度北部的梵文古语（当时已失传）。在学习过程中，梵文与他所熟知的希腊语和拉丁语等古欧洲语言的相似性让他惊讶。他发现除了发音有所差异，这几门语言的词语之间有着大量相似性，这足以说明它们源于同一语言。

---

[1] 部落的民族记忆会将有关远古的事件流传下去。考古学家约瑟芬·弗拉德（Josephine Flood）曾记录，部分澳大利亚土著部落的人类起源故事对澳大利亚南部沿海塔斯曼海底大陆表面的描写十分精准，让人惊讶。故事还记叙了海洋奔涌割裂了连接大陆与南北海岸沿岸岛屿的陆地。冰河世纪以前，该区域的海床为裸露的陆地。约1万年前土著祖先最后一次踏足于此，随着上一个冰河世纪接近尾声，冰层融化，海平面上升，海床淹没于海浪底下。无独有偶，斯堪的纳维亚语中有关世界毁灭的北欧神话记录了异常寒冷的冬天接连出现，夏日不复存在。据称这段有关"小冰河世纪"的民间记忆，记载的是公元前1000年的北欧。

经典例子包括"brother"（兄弟）与希腊语phrater、拉丁语frater、古爱尔兰语brathir、古斯拉夫语和梵语bhrater有着明显的相似性，以及动词"to be"与英语和古爱尔兰语的is、希腊语的esti、拉丁语的est、古斯拉夫语的yeste和梵语的asti也有相似性。德国的民俗学研究者格林兄弟（雅各布·格林和威廉·格林）最早发现，在大多数情况下，词语的细微差别源于发音的持续嬗变。例如，拉丁语的f音和ph音变成英语和其他日耳曼语的b音，祖先语言的p音和t音（梵语的piter、拉丁语的pater）变成后期日耳曼语的f音（或v音）和th音（德语vater、英语father）。

19世纪的学者受到启发，投入大量时间试图重构各语系的原型。事实上，直至19世纪末，巴黎语言学协会的学者已不胜其烦，禁止会议上探讨语言历史问题。直到历史语言学退出舞台时，世界上较广为人知的欧洲和亚洲语言已完成历史重构。例如，大部分欧洲语言（除了巴斯克语、匈牙利语、芬兰语和爱沙尼亚语在内的乌拉尔-尤卡吉尔语系）以及南亚和远东印度平原语言（包括波斯语和梵语的衍生）都属于同一语系，即现今的印欧语系。

印欧语系起源于7000年前的多瑙河流域以北。冬天、马、猪、牛、羊等家畜相关的词语，以及皮革制作、耕种和粮食种植等相关的词语都是一样的。由此可见，农耕在印欧祖先半游牧生活中扮演着重要角色。他们的神是印度神、地中海神和凯尔特人神的原型。语言包含许多亲属关系和家庭结构方面的词汇，可见其社会结构健全。不过，他们的语言中确实缺乏"海洋"一词，显然印欧人的居住地远离大洋海岸或湖岸。

过去几十年间，重构语言树重新兴起。目前的共识是，印欧和其他欧洲语系（巴斯克语和乌拉尔语等）与亚洲语系（北非和近东的闪语、包括土耳其语和蒙古语的阿尔泰语、印度南部的埃尔摩－德拉维语）均为1.3万年前的庞大的吾族语系的分支。

多亏了一些俄罗斯语言学家的努力，现代欧亚语系的吾族语系原型得以重构，里面包含数千个可能会对应现代语言的词语。其中包括，tik手指是现代英语词语digit、法语doigt和拉丁语digitus，还有印地语ek'等词语的原型。原始印欧语melg"挤奶"、原始乌拉尔语

malge"乳房"和现代阿拉伯语mlg"哺乳"均属同源。特别有趣的是，与户外活动有关的单词，在约1万年前农耕出现之前便已存在。

除吾族语系以外，目前公认还有四大非非洲语系：德内-高加索语系（亚洲和北美的北极和亚北极地区语言）、美洲印第安语系（大部分为加拿大边境美国人的本土语言）、原始澳大利亚语系（澳大利亚土著语言）和南亚语系（东南亚语言）。南非的撒哈拉语言最让人困惑，与五大语系的关联目前尚不清楚。但已确定其中三种：南非克瓦桑语（南非布须曼和相关民族的语言）、尼日尔-科尔多凡语（主宰非洲西中东部的班图语）以及尼罗-撒哈拉语（撒哈拉沙漠南端的主要游牧民族的语言）。

有学者试图重构八大语系的共同原型，即"原始世界"语言。现任职于密西根大学的俄罗斯语言学家维塔利·斯沃乐斯金（Vitaly Shevoroshkin）称可归纳出200个原始世界语言词汇，包括nigi（或gini）、"ni界语牙齿"的刚果-撒哈拉语词源nigi、南亚语gini、汉-高加索语gin和吾族语nigi（由其衍生出现代英语词汇nag

和gnaw）。类似的还有英语词汇tell与原始世界语tal（或dal）相关，用"舌头"（tongue）"讲话"（telling）是tal的重要活动。

重构失传已久的语言自然是一件难乎其难的事情，因此上述努力都曾遭到质疑。确实，他们常被认为不切实际。有语言学家指出，按照语言自然演变的速率，差不多6000年后，我们几乎不可能识别出任何共同的词语。比起是否能够重构原始语言，对我们而言更重要的或许是追溯众多语言的共同原型。尽管用吾族语谈话很有趣（俄罗斯语言学家常这么做），但更重要的是了解语言为何从单一起源分化发展成互不理解的数千门语言。

纷繁复杂的语言

据估计，世界现存语言约有6000种，具体数量取决于如何划分方言和发展成熟的语言。在这个基础上，还可算上不少"已失传"的语言，例如，学校里仍然在教授的（古希腊语和拉丁语）或用于宗教活动的（梵语和吉兹语）语言。语言学家预测这些语言由于缺乏本族语者，过半可能会在半个世纪之内消失。目前这些语言的本族语者大多数为老者，且人数不到千人。甚至有人预言终有一日世界会只剩下两门主要语言，按目前来看，几乎可以确定是英语和中文。语言的流失让人扼腕痛惜。语言失传后我们便失去历史的一部分，因为语言代表民族历史，是迁徙和入侵等经历和遭遇的积淀。

但我们忽略了人类行为的一个有趣特征：旧的语言流失，会有新的方言产生。英语传播全球，成为贸易、政府和科学的通用语，各大洲国家的国语亦如此。但与此同时，英文也衍生出各种互不理解的方言。大部分语言学家认为皮钦语（新几内亚的皮钦英语）、黑人英语方言（美国主要城市中黑人所说的英语）、加勒比海的克里奥尔语（各加勒比海岛屿的英语）和克里奥尔语（西非塞拉利昂的克里奥），甚至包括苏格兰语（苏格兰低地英语）均属不同的语言。一千年后，或许会有历史语言学家追溯这些语言的起源，发现是欧洲西北海岸一个不为人知的岛屿的语言。他们会好奇庞大的印欧语系中不起眼的一员，后来是如何脱颖而出超越其他所有的语言的。

事实上，方言化的过程并非人类独有。其他物种的"语言"也有方言。东西欧的乌鸦啼声有明显差异，而日本北部与南部的猕猴呼叫声音也不同。当然，其他物种"语言"的方言化在广度和速度上不如人类语言的方言化，但模式很接近。这种语言进化的灵活性如此惊人而且普遍，绝不可能仅是进化过程的一种意外，必然有其目的。线索也许隐藏于语言进化历史本身。

考古学家科林·伦福儒（Colin Renfrew）认为，现代语系进化是人类历史上四大迁徙的结果。澳大利亚语系和新世界的美洲印第安人语系均源于最初约10万年前现代人离开非洲的那场迁徙。人群逐渐东移，直至4万年前，前前后后不约而同地跨越白令海峡，进入北美并横渡澳大利亚和巽他陆架岛屿之间的阿拉弗拉海，最后到达位于巽他陆架之上的中南半岛。剩下的迁徙人群包括克瓦桑语族（使用的是南非布西曼族及其亲属的语言）、巴斯克语族（可能是欧洲原始居民的后代）、高加索语族（使用的是里海与黑海之间区域的语言）、新几内亚的印度太平洋语族，还有南方语族（使用的是越南、柬埔寨和泰国的山地部落仍然流通的祖先的语言）。

约1万年前，新旧世界各地农耕几乎同时发展起来，随后发生了另一重大事件。人们发现部分植物可人为播种后，便不再追随着树林果实的生长周期寻找食物，也不再因缺少食物而疲于奔命、不断迁徙。农耕让群体可在同一地方居住更久，而且富余的农作物让人口快速增长。随着家庭人口增多，人们离开原来的定居地，四处寻觅新土地，他们每到一处便驱逐原有的狩猎采集者（少数情况下也会融合）。我们也目睹了近代历史上类似的迁徙驱逐：五六世纪，撒克逊人进入西欧，逐步将凯尔特人驱逐至不列颠群岛西北的外围山区，还有19世纪欧洲移民至北美洲和澳大利亚。

其中最大规模的迁徙与粮食耕种有关，由此产生了分布于阿拉伯和北非西南部的亚非语系和分布于欧洲西部的印欧语系。同时，迁徙与相关地区的稻米耕种相关，产生了中国南部的汉藏语系，以及间接产生了太平洋沿岸的南岛语系，包括相隔甚远的新西兰和马达加斯加[1]的各种语言分支。

第三次大迁徙发生在约8000年前。全球变暖宣告着最后一个冰河时代的终结，它为人们打开了从北极地区向内迁徙的通道。这场迁徙由西迁往斯堪的纳维亚北部，此地现居住着以驯鹿为生的拉普兰人，向东跨越白令海峡进入加拿大北极区，将当地印第安人向南驱逐至今天的美国。显然，后一次迁徙至少分两波进行：早期主要是纳-德内语族的加拿大印第安人，后期主要是从阿拉斯加进入格陵兰岛占据北极区域的因纽特人（更确切地说是伊努伊特人）。

最终，历史上几次重大的迁徙引发了伦福儒称为"精英统治"的过程。复杂社会的发展往往与以马代步征战有关，致使印欧民族加快迁移的步伐，向东进入中东和印度北部。蒙古阿尔泰语族也加快了向东迁移的速度，从中亚进入中国北部、西伯利亚和日本列岛。后者带来了第二次大规模的迁徙扩张，12世纪，成吉思汗开

---

[1] 尽管马达加斯加岛位于非洲东南海岸，但约2000年前，第一批居于此地的人来自太平洋沿岸。他们的语言马达加斯加语与今天婆罗洲的语言有着密切关系，他们很可能因为贸易才不远万里来到当时荒无人烟的马达加斯加。

疆辟土让人闻风丧胆，向西迁徙远达东欧。大多数情况下，入侵者会奴役或融合原住民，而不会将其驱逐。最后的结果就是，入侵者将本族语言强加给对方（正如西班牙和葡萄牙将语言强加于美洲中南部的印第安人）。

由此可见，人类的大规模迁徙成为语言传播和多元化发展的主要原因。精英统治的出现，既反映了交通和技术的发展促进了语言和文化传播，同时也是大规模地取代一个群体的象征，这似乎已是成规。出乎意料的是，其他领域的研究也有大量证据支持这一论断。

20世纪80年代，DNA片段碱基对排序技术的发展，让仔细对比不同物种的基因代码成为可能。斯坦福大学的瑞秋·肯（Rachel Cann）、约翰·威尔逊（John Wilson）及他们的同事有一项惊人的突破性发现。他们绘制出约120名在当地医院分娩的女性的线粒体DNA片段碱基对序列。只有女性的线粒体基因能遗传给后代，因此按照线粒体相似性绘制的亲属关系可直接反映母女血缘关系。通过对比不同个体的序列，可重构个体的基因关系，进而重构女性抽样中许多种族的基因关系。

这一分析揭示出非洲线粒体DNA突变比世界其他

地区丰富。欧洲、亚洲、澳大利亚和美洲的民族，加上北非的民族，似乎都源自同一个紧密联系的家族，而该家族是非洲民族中一个大家族的分支。层层追溯基因关系，肯和威尔逊找到了女性的共同祖先，并将其命名为"非洲夏娃"。最终通过确定各分支的基因突变数量，他们按照基因自然突变率，即"分子进化钟"（见35页中性学说相关内容）估算推测该女性祖先生活在15万至20万年前。

尽管基因关系的重构方法和祖先夏娃生活时期的计算方法存在争议，但是后续基于大量女性的抽样分析证实了最初的假设。更为重要的是，分析结果与化石记录高度一致，证实了唯一的现代人祖先化石来自15万至25万年前的非洲。

严格而论，这些分析并非指向单一共同祖先，仅告诉我们所有现存人类的线粒体DNA（男性亦通过母亲遗传获得线粒体）均来自同一群生活在某一时期的女性。其他计算结果表明，所有人类的祖先都来自同一个约5000人的群体，群体里包含男女老少。当时的人类数量不止这个数目，但他们是唯一存活下来并将线粒体DNA

遗传给我们的一群人。

真正让人惊讶的是，基因学家路易吉卡瓦利-斯福扎（Luigi Cavalli-Sforza）发现，如果将各语系的语言树和人类种族基因树对比，两者惊人地对应，各大语系的分布和种族的分布高度一致。可见，当人们迁徙时，他们也会把基因和语言带走，所到之处将其他人类群体整个取代。因此，随着基因构成的突变，语言也会分化成多种方言。

这让我们的讨论回到一个问题上，即为何人类语言能如此快速地发展出各种方言。格林兄弟和其他历史语言学家记录了语言在不同时期所产生的变化，这是今天语言纷繁复杂背后的发展机制之一。同时，这也引发了方言因何发展形成的根本性问题。

兄长与我

众所周知，语言直接关系地方亚文化。一种方言若成了群体身份的象征，则其就代表了一种归属关系。我们为何热衷于建立群体关系？为何方言在这方面如此奏效？要回答前一个问题，必然涉及恩奎斯特-雷玛（Enquist-Leimar）的"搭便车"问题。第二个问题则与目前尚未探讨的一项重要的进化生物学特征——亲缘选择有关。

从进化角度来看，求偶和繁殖显然很重要。毕竟，那是将基因传给下一代的方法，但基因遗传不只这一个方法。在20世纪60年代中期，新西兰昆虫学家比尔·汉密尔顿（Bill Hamilton）（当时是伦敦帝国学院一名年轻的硕士，现任牛津大学教授）指出，个体可通过两个途径确保基因传给下一代：通过自身繁殖或帮助携带同一基因的亲属成功繁殖。

鉴于协助亲属繁殖所要付出的代价（可能失去自身的繁殖机会）比亲属的得益小（亲属关系密切，代价可忽略不计），因此出手相助是值得的。进化生物学家将之称为汉密尔顿法则，即明确指出动物群体在何种条件下会产生利他行为。汉密尔顿法则又称为亲缘选择，利他行为的传播背后还有其他影响因素，如达尔文提出的进化机制，但亲缘选择对大部分生物而言有着更重要的意义。

汉密尔顿法则主要考虑两个个体之间是否共同携带某一基因。关系越密切，越有可能从同一祖先遗传到同一基因，因而利他行为就更加值得。该观点的核心在于，帮谁都是帮，所以近亲比远亲更值得帮，因为近亲比起远亲或不相关的人，更有可能与自己携带同一基因。

对我们的研究而言，该观点的重要性在于，包括人类在内的大部分高等生物，对亲属表现出强烈偏好。总体而言，人类偏向于居住在亲属附近，尽管对于夫妻而言，亲近哪一方的亲属还有待商榷。例如，在前工业社会少有新婚夫妇远离双方亲属搬到别处居住。尽管在后工业社会，许多人因为市场发展要搬离父母的住处去寻找工作，但他们也会尽可能地选择住在亲属附近，而移居外地者也依然与亲属长期保持联系，对不相关的朋友则不会这样。而且，比起没那么亲的人，人们会更果断地帮助亲属。几乎所有人类文化都有"血浓于水"一说。阿拉伯谚语生动地提醒大家"我对抗我的兄弟；我和我的兄弟对抗我的表亲；我和我的兄弟表亲联手对抗我们共同的敌人"。

大量证据表明，人类在与他人相处过程中会考虑亲疏关系，尤其当利他行为的代价较高时。这不是说人类彼此没有利他行为。人类常有利他行为，但通常都是在付出的代价较小时。像狄更斯《双城记》中的西德尼·卡尔顿（Sydney Carton）这样无私的人在现实生活中相对较少。倘若人类无论对谁都真诚自然、无私付出，便无须常常倡导利他行为，利他行为也会被当作理所应当。若是那样人人都乐意按时足额缴税。

为了检验汉密尔顿法则在人类身上是否应验，亨利·普洛特金（Henry Plotkin）、珍妮·玛丽·理查兹（Jean-Marie Richards）、乔治·菲尔德曼（George Fieldman）和我进行了一项简单的实验，生物学家戴维·麦克法兰（David McFarland）几年前便提出过该实验。我们让测试对象做同一个滑雪动作，背部贴墙而坐但没有支撑，大腿贴在地板上，小腿和背部与大腿成一定角度。起初，这个姿势还挺舒服。但因为腿部肌肉要承受巨大压力，约1分钟后保持这个姿势就让人变得越来越痛苦了。因此，大部分人仅坚持约2分钟便瘫倒在地板上了。

测试对象每坚持20秒，我们就付75便士（约10元）

的报酬，报酬可以归测试对象或其他受益人所有。我们在实验开始前便确定人选，测试对象也知道谁是受益人。每位测试对象重复该动作6次，每次换一位受益人。受益人人选包括测试对象本身和一项大型儿童公益活动，剩下4位受益人按照亲属关系选择——父母或手足1位（1/2亲缘），婶婶或叔叔1位（1/4亲缘），表亲1位（1/8亲缘），另外还有1位同性挚友（0亲缘）。

实验结果让人惊讶：受益人为近亲（父母、手足）和自己时，测试对象表现更卖力，其次是没有那么亲的人或公益活动。

这项实验当然很简单，但确实体现了真实的利他主义精髓——为他人利益承受一定代价，与我们日常许多琐碎的利他行为相似，例如，借钱或花时间帮助别人。

阿曼达·克拉克（Amanda Clark）、尼古拉·赫斯特（Nicola Hurst）和我在另一项研究中探讨了13世纪的维京传奇。维京时期的历史故事讲述了冰岛和苏格兰的世代恩怨。我们发现较之远亲，维京人更不愿意杀害近亲，亲疏远近取决于人口中各族群的人数。只有当有丰厚利益时，例如，继承某一头衔或某一农场，他们才会杀害近亲。受害者的近亲亲属亦更倾向于复仇，远亲则不然（通常会接受抚恤赔偿），除非凶手格外残暴，担心凶手会继续杀人报复。马丁·戴利（Martin Daly）和玛戈特·威尔逊（Margot Wilson）指出，现代凶案的统计数据也反映同一倾向。加拿大和美国的凶杀数据表明，受害者中与凶手不相关的人比有基因亲缘的人高出20倍。更为惊人的是，加拿大的统计数据显示，继父、继母抚养的儿童在2岁前夭折的可能性比亲生父母抚养的高出6倍。这并不意味着继父、继母都是恶魔，结合数据，我们讨论的不过是千分之六的儿童被谋害率。但这确实意味着继父、继母抚养的儿童比亲生父母抚养的儿童承受更大的风险。当有基因亲缘的人惹我们发火时，我们更能克制自己。

亲缘的影响也渗透在社交生活的其他方面。例如，当维京人联盟时，他们与亲属的联盟比没有亲缘关系的联盟更稳定，也更乐于帮助亲属而不求回报。无亲缘关系的联盟需要有恩惠或财物作为前提。在有亲缘关系的情况下，他们愿意借船给亲属去远航，甚至会仅仅因为责任感而帮助亲属复仇杀人。现代人中也会有这种帮助亲属的意愿。杜伦大学的凯瑟琳·潘特·布里克（Catherine Panter-Brick）发现，在尼泊尔的山林耕种者中，妇女愿意无偿帮助亲属收割地里的庄稼，但帮助无亲缘关系的社区成员时则期待（或要求）特定的回报。

我认为强调与亲属一起居住并互相帮助，并不能简单地反映出帮助亲属繁衍后代的愿望，这与不育的工蜂无私地帮助蜂王生育更多蜜蜂姐妹不同。亲属更有可能联盟合作，或在日常生活中帮忙，因此你能否顺利繁衍与他们的利益休戚相关。当你需要帮助时，亲属比其他人更有可能帮你一把。

亲属对我们如此重要，因此我们用亲属间的语言巩固群体身份，尽管有时群体中的其他人并不是我们的亲属。例如，人们常称宗教同道为兄弟姐妹，尤其当我们成了处于困境的少数派时。我们这样做是因为在某些方面他们是宝贵的同盟。基督教信徒的新约信件中充满了深情的称呼。保罗（Paul）在新约《提摩太后书》中写给完全没有亲缘关系的同事用"写信给我亲爱的儿子提摩太"；《哥林多前书》开头为"奉神旨意，蒙召作耶稣基督使徒的保罗同兄弟所提尼"，第一段使徒约翰

(John)的第一封信开篇："我的小子们哪，我将这些话写给你们，是要叫你们不犯罪。"基督教信徒间常以家人相称。基督教最重要的祷告以"我们在天上的父"开篇，而在世俗观念中"父"这称谓指的是罗马天主教和正统教会的神父。

有意思的是，号召国民捍卫国土时我们也用同一策略。亲属般的称呼和保护至亲至爱的号召在这种语境下十分常见，我们几乎未曾留意像"祖国母亲需要你！""保卫祖国母亲！""他们会糟践你的女儿和姐妹！"这样的号召是为了说服别人主动参与。我们不遗余力地强调彼此血脉相连，尽管事实上顶多只有模糊的联系。

庞大的群体散落各处，人类就得面临一个问题，那些"搭便车"者可以轻松蒙混过关，声称是亲属以谋求帮助。解决这个问题的其中一个办法是将DNA指纹印在额头上，正如科幻电视情景剧《红矮星号》里的角色瑞莫（Rimmer）一样，额头印有H代表他是全息影像[1]。

---

[1] 剧中瑞莫（Rimmer）这个人物角色已经去世，但通过全息投影技术再现，是一位全息投影人。——译者注

无须赘言，这很难操作。但我要指出的是，印度教的种姓标志正是起到这个作用，而种姓身份如同DNA一样也是继承而来的。

要确保遇到的人确实是你的亲属，有一个办法是让他们出示群体成员徽章之类的信物，但大部分徽章很容易造假。为了行之有效，徽章要么造价不菲（类似一辆格外昂贵的车），要么难以获取（需要经过多年努力才能获得）。

事实上，大部分动物依赖相似性来判断亲属关系。从统计学上讲，大部分一同长大的个体很可能是亲属。但是偶尔也会出错，不过认错亲属一般无伤大雅，只有达到一定频率才会影响汉密尔顿法则。进化过程容得下大量错误，因为它关心的不是绝对价值，而是相对的亲属利益。

方言是一种明显的徽章，因为语言是在生命早期的关键时期习得的。如果一个人和你说话方式相同，词汇和口音一样，差不多就能判定这个人在你附近长大，至少在前工业社会中，他很可能是你的亲属。虽然不能百分百保证，但这比盲目猜测要可靠。方言还有一个优势，即它可以较快地变化，至少一代人可以演变出一种方言。如此一来，便可追踪一个群体在某一时间段里的迁徙模式。迁徙的群体经过一代人以后，尽管用的还是原来的词，但会演变出自己的口音和言语风格。澳大利亚和英国口音如今截然不同，而大部分澳大利亚的移民不过是在过去100年间迁徙过来的。显然，方言是为了应对有人"搭便车"投机取巧。通过不断发展新的话语形式，同一个事情换了新的说法，群体可以轻松辨别成员身份。这种身份徽章很难造假，因为语言需要从很小就开始学。除非在群体中长时期生活，不然很难学会这种口音和言语风格。

丹·奈特（Dan Neule）设计了电脑模型来验证该观点，在虚拟的"世界"中，个体运用各种策略彼此竞争，获得一定资源（摄入足够食物，不仅仅是果腹）后方可繁殖。个体可以通过合作来获取资源，并且往往必须通过合作才能获得足够资源来繁殖。个体中部分是合作者，部分是"搭便车"者，后者获得帮助后拒绝回馈。部分合作者仅帮助说相同方言的人，但有些"搭便车"者能快速模仿和学习方言。模型显示，只要方言保持不变,"搭便车"者模仿方言的欺骗策略就会非常成功,他们一直凭借损害他人的利益来促使自身得益。然而,如果方言适度改变(按代变化),投机策略几乎不可能在合作者中站稳阵脚,但前提是个体记得过去谁是外人。方言持续发展可防止"搭便车"者乘虚而入。

似乎方言的产生是为了遏制居心叵测之徒利用他人乐于合作的天性而牟利的行为。只要一开口便能判断谁是自己人,谁是外人。例如,历史上有许多例子,冲突中败方被俘虏后,因为无法说出对方的语言而暴露身份。《士师记》第十二章告诉我们:

> 基列人把守约旦河的渡口,不允许以法莲人过去。以法莲逃走的人若说:"容我过去。"基列人就问他:"你是以法莲人不是?"他若说:"不是。"就对他说:"你说示播列。"以法莲人因为咬不真字音,便说西播列。基列人就将他拿住,杀在约旦河的渡口。那时被杀的以法莲人有42000人。

第八章 巴别塔之后

另一著名的事件中，在耶路撒冷大祭司该亚法家外面的院子里，门徒彼得（Peter）很快因为口音暴露了他是加利利人的身份。《马可福音》中有记载：

> 不多时，旁边站着的人又对彼得说："你真是他们一党的！（那些刚被捕的耶稣信徒。）因为你是加利利人。你的话和他们一样。"彼得就发咒起誓说："我不认得你们说的那些人。"

这些例子不局限于远古。在"二战"结束后的荷兰，不少德国士兵想要混入逃亡的平民中，趁机逃跑，结果荷兰的抗战士兵让他们读复杂的荷兰地名，他们便彻底暴露了。

语言是一种社交工具。它不仅让我们交流信息，这些信息关乎我们是否能在复杂而善变的社交世界中生存，还让我们能够识别对方是敌是友。这些语言的作用也许蕴含了第七章讨论的历史语言进化的根源。语言起初发展成各种方言，最终变成互不理解的语言，是因为地方群体在面临其他群体的竞争时需要辨别群体成员身份。有证据表明，至少在西非，语言多样化在赤道附近的高密度人口中比北部低密度人口中要更高（每平方英里存在更多不同的语言，且各种语言的本族语者人数更少），低密度人口附近很少有邻居。

该结果一旦确定（丹·奈特正在检验当中），便意味着方言发展的速率并不是恒定的，而是与人口密度直接相关。人口密度越高，方言变化越快。1万年前农耕出现，标志着人类生态学的一个分水岭。对人口增长率产生了巨大影响，因为农耕时代的人口密度比依靠狩猎、采集为生的游牧时代的人口密度高得多。如此一来，似乎可推断方言的根源距离现代并不远。在农业革命以前，也许很大范围内，人们都说同一种方言，方言发展进化是一个逐步缓慢变化的过程。也许，实际上巴别塔距今并不遥远。

第九章
Chapter 09

生命最初的仪式

我们常常低估了人类语言对解读说话者意图的依赖程度。若缺少心智理论（ToM）和高级社会智力（参见第五章）的支持，对方说什么我们将毫无头绪，谈话将变成乏味的就事论事。就像与《星际迷航》的斯波克[1]对话一样，所有的温情暖语、诗意表达都荡然无存，连最基本的文学都不会有，顶多写点无趣的叙事诗。正是我们日常使用的语言影响了身边人的生活，最终让自

---

1 斯波克（Spock）是《星际迷航》剧中一位外星人（半人类半瓦肯人），瓦肯人以信仰严谨的逻辑和推理、去除情感的干扰闻名。——译者注

己也受益。

这现象背后蕴含着一大语言之谜：语言可用以为善，亦可轻易作恶。得益于马基雅维利主义和心智理论，我们通过语言智取、欺骗、故弄玄虚、误导、诱骗和哄骗他人。总而言之，我之前回避了语言这些略为不光彩的方面，更愿意去关注语言在维系群体中的作用。如今应该详尽地探讨语言的这些负面问题。

宣传的妖术

正如我们所见，在分散的大群体中，以人类社会为典型，"搭便车"者成为一个突出的问题。在荆棘满布的现实世界中求生存，庞大的群体必须保持凝聚力，防止"搭便车"者占上风便成了问题的关键所在。恩奎斯特和雷玛指出，闲聊的产生也许是为了通过交流"搭便车"者的活动信息，来控制他们的活动。语言既可让人类事先提防社交骗局，又能起到道德约束的作用，同时让人在行为不端时心生愧疚，自觉遵守社会准则。恩奎斯特和雷玛通过计算证实，该机制可有效遏制骗局，团结合作的社区闲聊让"搭便车"者难以得逞。如此看来，或许语言进化并非为了掌握亲友熟人的最新动态，而是为了盯紧"搭便车"者，好让他们循规蹈矩。

有实验证据支持该论断。加州大学圣塔芭芭拉分校的利达·可思米德斯（Leda Cosmides）指出，人脑具有特定模块专门识别社交骗子。她通过名为"沃森选择任务"的老心理学测试方法展示了这一点。在原本的沃森任务中，测试对象面前有四张标有符号的卡片，如A、D、3和6，他们均被告知每张卡片背面都有符号。此外，卡片上的符号规律是正面为元音字母的卡片，另一面为偶数。测试问题是，测试对象应该翻看哪一张或哪几张卡片方可验证规律真假？

从逻辑角度而言，正确答案是翻看A卡片和3卡片。A卡片背面应为偶数而3卡片背面不应为元音。但3/4的测试对象都选择错误（与随机选卡的错误率相仿）。大多数人选择A卡片或A卡片加上6卡片。规律并未规定偶数卡片背面为元音，仅规定元音卡片背面为偶数。偶数卡片背面为辅音或元音均符合规律。

可思米德斯证实，测试者在社会契约中面临同样的逻辑问题时，大多能轻松选择正确答案。例如，未成年人喝酒的规定，告知测试者桌上坐着4个人：一位16岁，一位20岁，一位在喝可乐，另一位在喝啤酒。社会规则是只有18岁以上才可喝酒。需询问哪位才能确保没人违规？答案显而易见：16岁那位（因为16岁不准喝酒）和喝啤酒那位（因为未满18岁不准喝酒）。20岁那位喝什么都没问题，可乐谁都可以喝。这个版本的测试几乎所有人都选对了，可换成前面抽象的版本，结果就不尽如人意。

可思米德斯指出，人类心智天生具备在社会契约中识别违规者的能力。缺乏这种能力，人类社会群体便会瓦解成恩奎斯特和雷玛所描述的"自私的黑洞"。既然合作性成了生存的根本（也是人类进化策略的关键），我们必须靠遵规守纪的机制来维护集体利益（此处集体利益指长远而言符合每一位个体的最高利益）。

对社会骗局如此上心，我们不得不去考虑语言作为社交手段的各种方式。目前为止，我更倾向于语言的社会功能总体而言在于交流亲友、熟人的信息这个假设。然而，作为维系庞大群体稳定性的手段，也许实际上通过语言维系团结有多种途径。其一可能是掌握朋友和盟友的动态；其二是交流"搭便车"者的信息；其三是我们通过语言影响别人对自己的看法。

例如，心理学家尼克·艾姆勒（Nick Emler）认为，日常语言多半与形象维护相关。我们发表言论影响听者对自己的看法。你可以告诉对方自己的喜好、在各种场合的行为（或你认为什么是该做的）、自己的信仰以及笃信程度、自己所不齿的事等。你可以故意行为粗鲁或谄媚逢迎，可以辱骂或恭维对方。你可以排挤合不来的人，鼓励有意者留下深交以快速划分阵营。当然，你还能玩弄手段、蛊惑人心去中伤对手，又或者极力赞誉一位能力略为欠缺的朋友，帮他争取一份工作。

语言的各种优势让我们思考一个问题：在语言进化选择的过程中，其中某一因素是否起到关键作用，而其他因素好比蛋糕上的裱花——锦上添花却无足轻重。经过论证，答案很明确：若将其他优势彻底抹去，语言要存活必须保留监督功能。复杂如语言，也难以厘清各种功能间错综复杂的关系。然而，只需简单思考某一功能是否比其他功能更普遍，便至少能为我们指出一个可能的答案。

为探讨该问题，安娜·马里奥特（Anna Marriou）替我开展了一项关于人们谈话内容的详尽研究。她发现批评和消极闲聊仅占会话时间的5%，与征求或建议如何应对社会问题所占的比例相当。目前会话中最普遍的话题是谁和谁在做什么及个人社交经历。其中半数谈话内容与他人行为相关，剩下一半与说话者或直接听众的活动相关。可见，不论其他时间人们在谈论什么，监控"搭便车"者活动和识别社交骗局并不是语言的主要作用。

当然，语言的重要作用也有偶然才派上用场的时候，如训诫恶人对维持群体稳定至关重要，但偶尔为之足以，其余时候这种机制被搁置一边。这么做大有好处，因而搁置也算值得。这就意味着我们所有的唠叨琐事和社交闲聊不过是为了让言语机制保持良好的状态，时刻待命，发挥作用。

这一设想似乎合理，但整套机制的成本相当巨大。进化过程通常不会如此浪费资源，更遑论浪费时间。谨记，人脑耗费身体能量的1/5，是同等体型个体耗能所需的10倍之多。而且，应付"搭便车"者还有更简单、效益更高的办法。何不效仿其他猴类和猿类的简单策略——把作恶者捶打一顿，如此一来可节省不少脑容量。简而言之，无论语言的监察功能如何有价值，都不足以构成大脑变大和语言进化的直接原因。显然，这个观点在逻辑上自相矛盾："搭便车"问题的出现是因为我们生活在大群体中，而在大群体中生活似乎又离不开发达的大脑和语言。

自我宣传是语言进化的重要原因，这个可能性比较高。事实上，我们在分析人们的会话时，发现我们有时候会利用语言提供的机会自我宣传。我们的研究中有两项具体发现明确指向这一点。

研究结果让我们惊奇的是男女之间谈论话题的差别不大。均投入同样时间讨论个人关系和经历，而且均花时间讨论他人的关系和行为。与大众观点相反，抽样测试对象中的男性并未花更多时间谈论政治或高雅艺术（或低俗艺术）。然而，在另一方面却存在惊人差异：当男性处于男女混合群体中，谈论工作、学术或宗教道德的时间大幅提高。当男性在男性群体中时，讨论上述话题的时间占总时间的0%～5%，在男女混合群体中时占

15%～20%，女性差异则没有这么大。

我们的理解是在混合群体中谈话的功能类似于在求偶场所发声。在这个场所里男性聚集起来向女性推销自己作为伴侣的卖点。羚羊和鸟类常常如此，尽管这往往发生在雄性不会（或不能）养育幼崽的物种身上。雄性守着一小片雌性常光顾的地盘，每当有雌性靠近便不遗余力地展示自己的优势。雌性则左挑右选，仔细考虑。最终，无论好坏做出最佳选择，雌性与选定的雄性交配，然后离开到别处生蛋，从容养育幼雏。

从我们的对话研究中获取的另一项结果也支持了上述结论，即求偶为绝大多数人类会话提供了解释。男性与女性谈论以下话题的时间比例没有差异：两者均花约65%的时间讨论各种社交经历。然而，某一方面确实存在差异，即谈论谁的社交经历最多。至少在年轻的测试组中，女性更倾向于将2/3的社交话题时间用于谈论他人的社交经历或活动（谈论自己的经历或活动约占1/3），而男性谈论自己占2/3（谈论他人仅占1/3）。

这一差别对理解人们彼此之间的谈话有重要意义。最合理的解释是女性善于发展社交网络，而男性善于给自己打广告。考虑到为抚养后代创造理想环境，社交网络也许是女性参与的最重要的活动。社交网络为生育和抚养过程交流信息提供支持，帮助女性觅食和耕种，在情感危机产生时提供心理支持，还有许多其他大大小小的支持和帮助。

与此相反，男性世界更多的是直接竞争而合作较少。无论直接还是间接，男性大部分关注的是求偶或攫取有利于求偶的资源和地位。在这个过程中，广告推销成了关键因素。

在高校学术圈，谈论康德、浪漫主义诗人，或解释昨日讲座的热力学第二定律，被看作能力和地位的象征，会让你鹤立鸡群，成为受欢迎的交往对象。在这种环境中，知识能力成了判断未来地位或赚钱能力的准绳，好比桥牌俱乐部的最佳牌手，或音乐俱乐部中最出色的音乐家。正如俗话所说，知识就是力量。

火眼金睛

据说，实际上在我们所说的话中，高达2/3的语义并非靠语言信号，而是靠我们展示出来的肢体语言传达的，有时候是我们故意为之，有时候是无意为之，而我们对这些非语言信号传达的线索非常敏感。

在一项警觉行为的研究中，人们对环境因素的敏感度让我印象尤其深刻。我研究的是人们在谈话过程中观察环境的频率。为此，我们选择一位测试者并记录其谈话时扫视周围环境的次数。眼睛向上望的动作通常很微妙，为了一次不漏，我们得紧盯着测试者的眼睛观察，每次长达5分钟，并将抬头次数记录下来。很快我们发现测试者通常能意识到有人在盯着他们看，尽管是从大厅远处监视。他们不断审视周围发生的一切，有时候快速扫视室内，更多时候是透过眼角余光看的。结果，我们不得不修改收集数据的方式，避免让测试者感到局促或干扰他们正常抬头的模式，因为觉察到有人监视时，他们会更频繁地抬头看。

事实上我们在日常生活中也不断留意和使用这类线索。例如，眼神交流是诚实的重要标志，也体现出对方是否对我们感兴趣。海伦·达令（Helen Darling）在《蝴蝶飞走了》中唱到"孤独的眼睛不再追随我"，这是发现恋情终结的第一个微妙信号。查尔斯王子和戴安娜王妃关系破裂最早的预兆是记者发现两人在公开露面时,既没有身体接触也没有眼神交流。我们十分在意眼神交流,正如俗话所说:永远不要相信一个不直视你眼睛的人。

尤其对于女性而言,在新的关系形成之初,眼神交流尤其重要。自我把持、避免失控是眼神交流的重务之一。单身酒吧的行为研究表明,至少在这些场合,女性对示爱行为和求爱行为特别矜持。除了少数明显的特例(排除酒精过量的影响),男性极不情愿展开追求,除非发现眼神交流之类的暗示鼓励。两大重要信号包括眼睛不断往自己身上瞟和所谓的"暗送秋波",就是眼神交流只有一秒钟,随后快速转移视线并微微一笑或脸红(通常不久后还会用眼角余光快速扫视一眼)。

解读信号的行为古已有之,也是灵长类动物的习惯。瑞士动物学家汉斯·库默尔(Hans Kummer)和克里斯琴·巴赫曼(Christian Bachmann)对阿拉伯狒狒进行的一项研究很好地展示了这一点。不同寻常的是,雄性阿拉伯狒狒独享小群雌性狒狒,不容许其他雄性也跟自己的妻妾拥有交配权,而其他雄性一般也不会去挑衅

第九章 生命最初的仪式 | 257

夺爱。当其他雄性路过雌狒狒群时，会主动保持距离，避免引起误会。通常它们会坐着望向远方，摆弄草叶，避免与雄性或其妻妾有任何眼神接触。

库默尔和巴赫曼发现，当雄狒狒发现自己比对手强大，而且过往交手经验表明可打败对方时，雄性有时候会试图抢夺雌狒狒。但这只有在雌狒狒明确示意对目前的配偶兴趣不大时才会如此。主要的信号是，当配偶行动时雌狒狒是否有兴致追随，是否频频朝它望去。通常，阿拉伯雌狒狒会紧紧追随丈夫的步伐。当雌性稍有片刻犹疑跟不上步伐时，雄性便不得不停下来回头看，这有违阿拉伯狒狒社会传统礼规，其他雄性捕捉到这个微妙细节便看出雌狒狒有喜新厌旧之意。美国灵长类动物学家巴巴拉·斯马茨（Barbara Smuts）注意到肯尼亚的橄榄狒狒也有类似的现象。尽管橄榄狒狒的配偶关系不像阿拉伯狒狒那么专一和正式，但雄狒狒通过同样微妙的细节判断雌狒狒是否钟情于配偶。

但夺人所爱并非易事。雌狒狒也需考量是否值得冒险：同等条件下，原配毕竟知根知底。候选雄性需展示自己是适合的人选并打动雌性。无论人类还是其他哺乳动物的求偶选择，最终都是雄性给自己打广告供雌性挑选，求偶归根结底是一场广告战。美国人类学家克里斯廷·霍克斯（Kristin Hawkes）认为，在传统狩猎采集者社会中，狩猎便是一种"炫耀"。她计算猎捕大型动物（如羚羊）的能量消耗和回报比率，发现并不划算。当男性捕获猎物时，通常会马上带回营地与他人分享，好让大家都知道。事实上，这还不如设下几个陷阱，隔天花上5分钟去看看。然而男性认定了狩猎的重要性，并投入大量时间和精力去狩猎，尽管从经济角度而言这毫无意义。

霍克斯认为，我们误将狩猎看作经济活动而非亲代投资——史前原始人狩猎养活妻儿。她认为，事实上，狩猎是求偶战术的一部分。猎捕大型哺乳动物是一项艰难而危险的活动，需要高超技能才能胜任。狩猎的男性——在大部分狩猎采集者社会中，男性通常单独或三两结队狩猎——不可避免地面临着狮子之类猎物的伏击，还有蛇类和大象的威胁。在雪地摩托车出现以前，因纽特人狩猎要危险得多，男性在冰天雪地的冬天捕猎，死亡率异常高。北极一些居住区情况更极端，男性平均寿命比女性短一半以上。除了具有人身危险，狩猎男性还需施展浑身解数追踪猎物才有机会将猎物捕杀。这是勇气、体能和技能的体现，狩猎是基因优良的铁证。

在中世纪欧洲的骑士故事中，年轻骑士在狩猎挑战中深受鼓舞。故事中，年轻骑士接受非比寻常的勇气考验，如拯救受困少女、唤醒睡美人、屠龙护村、探寻圣杯、战胜不败骑士、取出石中剑等。这种挑战不只在欧洲的民间故事里有，在非洲的马萨伊部落里也盛行。年轻的马萨伊勇士会丢弃长矛，自告奋勇地充当诱饵诱捕狮子。勇士手持盾牌走近狮子，逼狮子跳向他，以便同伴可相对安全地刺杀狮子。与此同时，狮子后爪拼命向盾牌底抓去，竭力将他撕碎。活下来的勇士享受宴请，成为村里的英雄，深受择偶姑娘的青睐。

1899年，尤尔特·格罗根（Ewart Grogan）上尉为抱得美人归，从好望角徒步4500英里（约7200千米）穿越非洲到达开罗。女方家人原本认为他是个没用的人，不能给他们的女儿应有的生活，将他赶走。格罗根指望该壮举会让他名声大噪（同时财源滚滚），好让他们改变初衷。最终，女方家人深受打动。

在我们的社会中，许多青年男子喜欢冒险飙车，并热衷于参与赛车运动，女性多半认为不值得。然而，尽管女性无意参与此类活动，却对男性的表现赞赏有加，竞相与赛事冠军交往，热情丝毫不逊色于参赛者。已故的美国篮球运动员马继科·约翰逊（Magic Johnson）亦不例外，大批女性对其投怀送抱。这类活动实际上是男性在求偶炫技，因此，女性若是参与这类活动（例如，从好望角徒步到开罗，或单手航海环游世界）反响却远远没有这么大。

这类"英雄考验"的共同点是难以作弊。谁在吹牛，谁有真本事，是牛是马立见分晓。在变幻莫测的世界中，要选择能供养孩子的父亲人选，对于人类祖先而言，没有比狩猎更严苛的考验了。

认知科学家杰夫·米勒（Geoff Miller）还提出，人类大脑的进化也许源于择偶推销的需求。取悦求偶对象，借助诗歌和歌曲的魅力，让对方开怀大笑，他认为这些都是人类大脑的预设功能。光房获芳心还不够，因为对象随时会见异思迁，好比《爱丽丝镜中奇遇记》中爱丽丝遇见的红后。逆水行舟，不进则退，猎人坚持用狩猎来证明自己始终是社区中的捕猎能手,而现代男性则逗伴侣开心。

这个观点很有趣,因为很少有人知道微笑和开怀大笑能刺激产生内源性鸦片物质。两者都涉及大量的肌肉动作,开怀大笑时尤其耗费能量。因为我们的气管断断续续地从空气中泵气需要费劲地控制并消耗不少力气,所以放声大笑一阵后会使人疲惫,让人上气不接下气。抑郁或垂头丧气会让人不开心,所以幸福人生的秘诀便是多笑,因为这样内源性鸦片物质会涌入血管,让人感到温暖和满足。同样道理,逗笑自己的意中人也会让他们产生麻药般的安全感。

微笑和开怀大笑有着耐人寻味的自然历史。美国心理学家鲍勃·普罗文(Bob Provine)记录谈话双方笑的频率。他发现女性比男性笑容更多,人们听对方说话比自己说话时笑容更多,听男性说话比听女性说话时笑得更多。对比发现,女性说话时男听众很少笑,而换成男性说话就不一样了。

这些发现很有趣,其中一点是,这意味着女喜剧演员成功的可能性低一些,因为她们发现要把观众都逗笑，女喜剧演员的表演要更夸张，才能打破传统观念对男女言行举止的刻板印象。

两性之间的笑容差别反映了男性是当时社会的主宰者：女性面对男性时笑容更多是因为笑容表达服从。这类行为相当于动物战战兢兢地夹着尾巴以示讨好。

某些情况下，"假"笑确实是一种讨好。例如，一项关于医生的研究发现，初级医生面对资深医生时笑容更多，上司开玩笑时下属笑得更多。但是笑容的种类很多，并非所有笑容都是讨好行为。毕竟，我们也冲无助的婴儿和朋友笑，这无关乎长幼尊卑。

更合理的解释是女性对男性笑是为了吸引对方注意。她们时刻在比较，将伴侣和身边其他男性相比较。大多数时候她们安于现状，但不断试探很重要（毕竟人无完人，而且谁知道配偶什么时候会将你抛弃）。考察男性将你逗笑的能力是测试其品质的最佳方式。

求偶之战

另一项有据可查的惊人观察印证了配偶选择和性别

淘汰对人类生活的重要性：男女学习口音的方式极为不同。在生长发育过程中，男孩习得其所在区域当地工薪阶层的口音，而女孩习得更为规范的中产阶级口音（又称RP标准英式口音）。这一有趣现象困扰了社会科学家好多年，因为找不到明显原因解释这种两性之间的差异。传统解释是女儿"好好说话"的社会压力更大，人们会更多地夸赞说话"有礼貌"的女孩。这种双重标准还有一个例子，男孩很容易逃避惩罚，而女孩则总会为自己的失误付出代价。

然而，这些答案都不完整，并未回答为何两性压力悬殊的问题。这到底是怎么回事？如果考虑到人类的大部分行为（尤其是成年早期）与求偶和择偶相关，答案便显而易见，两性差别正是繁殖生育策略的差异。

供养后代的资源是限制雌性哺乳动物繁殖的主要因素。人类亦不例外，几乎所有文化中女性都青睐与富有的（或地位高的，地位高意味着生存机会高）男性结婚。简·奥斯汀讲述19世纪初社会生活的小说很好地描绘了这一点。小说描写的是年轻的中产家庭女性一直寻觅理想伴侣，当地教区牧师的儿子很少成为考虑的对象,时髦帅气的年轻军官(传统观念认为是贵族的归宿或中产阶层获取荣华富贵的通行证)和地主乡绅之子最受追捧。不幸的是,他们为数不多,女孩担心成"剩女"不敢苦苦等待。最终有的人要退而求其次,便宜了牧师的儿子。

大部分人都惊讶地发现,现代西方社会依然保持大致相同的择偶模式。我们做了三项有关当代社会择偶偏好的研究,其中一项与大卫·威富斯(David Waynforth)合作在美国开展,另外两项在英格兰。我们分析报纸和杂志中的征婚广告,因为这很好地反映出人们对伴侣的理想要求。多达四分之一的女性提及财富和地位,如"专业人士""有房""良好教育背景""经济独立"等,这是对男性伴侣的要求,60%~70%男性在自我介绍中提到这些方面,而女性很少在自我介绍中提及这些,男性也很少对这些方面有要求。

鉴于财富和地位集中在社会上层,女性提高择偶门槛可大大提升候选对象的质量,从而更轻易地跃升至更高阶层。攀龙附凤(通过婚姻提升社会阶层)的现象几乎在所有的人类社会中都很普遍,奥斯汀小说中描写的行为模式也不仅仅局限于英国郡县社会。在德国西北部边远的弗里斯兰省，埃卡·特楚（Eckart Voland，现任职于吉森大学）及其同事克劳迪亚·恩格尔（Claudia Engel）详细分析教区过去两个世纪的婚姻登记记录后发现，女性会尽可能地通过婚姻提升社会阶层，与高一阶层的男性结婚比低一阶层的普遍得多。

富裕的农户受青睐的理由很充分，即他们的财富（尽管按绝对值计算并不多）足以确保儿女生存率更高。而且，嫁给上一阶层的女性通常比嫁给同一阶层的女性年轻。尽管大多数女子最终不得不嫁给同阶层的男性，但稍微单身个几年，等等看有没有更佳选择也是值得的。不过她们也担不起这样一直等下去，以免过了这村就没了这店。牢记我们这里说的不是简·奥斯汀所说的上层社会，而是农户社会。

嫁给上一阶层（或经济阶层）的男性在当今社会仍然是很普遍的现象。虽然这并不意味着每一个中产家庭女子嫁的都是上层社会的丈夫，但这确实说明，相较于男性群体和下嫁行为，通过结婚来提升个人阶层这种事在女性群体中更普遍。伯爵之女嫁与当地清洁工会引起轰动，但伯爵之子娶清洁工之女则不然。有鉴于此，女孩值得好好学习用途更广的口音，以便有机会向上爬，或者说至少她们的父母会鼓励这一点。

不过另一方面，男性面临的则是截然不同的问题。中上阶层的男性受青睐是因为他们最有希望在养育儿女的时候提供充足的资源，他们自然就不必在择偶竞争中那么卖力。下层社会的男性则缺乏这些优势，因此他们更依赖自己的老乡人脉，对他们来说更重要的事情是确保自己看起来像个有集体归属的人。标准的乡土口音和方言让他们产生集体归属感，有了老乡才可能有朋友给他们介绍工作和资源，否则他们将无法获得基本生活保障。要是生来就是穷人，还说着与同乡人不同的口音，就等于自掘坟墓，断了自救的人脉。

看重财富和地位有着简单的功利目的。在"前工业世界"的社会变迁中，影响儿童死亡率的最重要因素是丈夫的财富，无论土地、牲口还是钱财。家庭资源与婴儿生存成正比相关。莫妮克·鲍葛荷弗·马尔德（Monique Borgerhoff Mulder）发现当代肯尼亚齐普斯基族的农牧民有这一现象，埃卡·特楚研究的18—19世纪的德国农民亦如此，金姆·希尔（Kim Hill）和希里·卡普兰（Hilly Kaplan）研究的美国南部阿契人狩猎采集者也不例外。美国心理学家戴维·巴斯（David Buss）在世界各地37个文化群中开展了一系列有关择偶偏好的研究，结果表明，几乎所有文化中女性最看重的两大择偶因素均为地位和赚钱的潜力。在现代经济中，拥有更多财富和资源可更好地供养儿女，充足的盈余可支付医疗费用，为孩子提供更好的教育。

然而，有证据显示女性的需求正在改变。我们抽样调查美国和英国的相亲广告，发现半数女性要求男方重视家庭，此外是财富与地位，或者仅要求重视家庭。这透露出在现代经济社会中，育龄女性对于保障顺利生育的需求在发生变化，过往女性看重资源，如今更看重养儿育女需要的社会投入，如帮助照顾婴儿、参与儿童社交。传统社会大量调查结果一致显示，女性偏爱财富与地位，与如今结果形成强烈反差，这并非意外。

这种变化出现的时间尚短（1/4的女性依然看重财富和地位）。我认为原因在于21世纪的现代工业经济发生了两大关键变化：其一是卫生和健康的服务水平大大提升，几乎消除了儿童夭折率，基本确保了每一名出生的婴儿能够长大成人；其二是总体财富水平大大提高，社区中的首富和普罗大众之间的贫富差距不至于影响对儿童的供养。当然，后者归功于女性获得了更多经济独立的机会，不再依赖丈夫全盘负责家庭支出。

男性的态度转变显然尚未跟上节奏，广告中明确显示他们还在苦苦强调财富和地位这些过时的优势。当然，万贯家财依然很有分量。至于其他男人最好还是乖乖帮忙换尿片。男性行为必然会发生变化，但需要时日，因为埃卡·特楚和我发现，过去两个世纪在德国的农村人口中，经济形势急剧扭转，但养育儿童的模式大概需要一代人（30年）才能调整过来。

女性不再为养育后代而对财富和资源趋之若鹜，这种社会趋势意味着女性不再需要攀龙附凤，通过结婚来提升个人阶层的压力减少了。一旦如此，越来越多的女性将会习得本区域或本阶层的口音，不再追捧英式标准音。

当然，这类社会变化发生的前提是财富持续增长，惠及社会各界。一旦经济衰退，就业率得不到保障，财富集中在少数人手中，择偶模式将回归过往的老路。经济变化推动着社会变革。

急剧变化的背后是性别选择的进化机制在起作用。120年前，达尔文最早提出性别选择。他指出，自然世界中部分现象丝毫不利于生存。确实，单纯考虑动物生存而言，有的甚至起反作用。典型的例子是公孔雀的尾巴，公孔雀尾屏长，飞起来笨拙又不灵便，遭遇天敌时不利于逃跑。达尔文思考过公孔雀为何会进化产生较长的尾屏。他认为答案是母孔雀偏爱有长尾屏的公孔雀当伴侣。当母孔雀的择偶偏向占压倒性优势时，天敌的逆选择或拖着笨重尾巴飞行等常规考虑便无关紧要。

性别选择在进化中产生的强大推动力最终是超乎达尔文想象的。比起达尔文起初提出的环境自然选择机制，性别选择在新物种的产生中甚至发挥更为重要的作用。过去30年，大量相关的实验和理论研究让我们对此有了深入了解。例如，英国生物学家玛丽恩·佩特里（Marion Petrie）指出，母孔雀偏爱尾屏上眼状斑多的公孔雀，比起眼状斑少的公孔雀，它们繁衍机会更多，产蛋数量更多，存活的雏鸟数量也更多。随后通过给孔雀增加或减少尾屏的眼状斑，验证了该现象。公孔雀眼状斑数量减少后求偶机会减少，而眼状斑数量增加的公孔雀求偶机会增多。在另一项研究中，瑞典生物学家马尔特·安德松（Malte Andersson）通过把肯尼亚寡妇鸟公鸟长尾巴上的尾羽长度剪短和增长，也印证了这一点。

至少有两大机制解释了该现象的产生。其一是以色列生物学家阿莫兹·扎哈维（Amotz Zahavi）提出的扎哈维"不利条件原理[1]"。扎哈维认为这类雄性的进化行为相当于在说："看看我！即便拖着大尾巴我也能躲过天敌！想要有我这样的后代就和我交配吧！"这类似克里斯廷·霍克斯提出的炫耀说。

其二是费希尔（Fisher）的"性感儿子假说"。英国统计与遗传学家罗纳德·费希尔（现代新达尔文进化论的奠基者之一）提出，雌性择偶时不按常理出牌，偏爱雄性的某些特征会让性别选择发生扭曲，助长诸如孔雀尾屏等无用的特征。此观点很简单：若雌性钟爱某一特

---

[1] 该原理大致是说动物和人类恰恰因为一些看似冒险、过分的行为才能繁衍兴旺。——译者注

第九章 生命最初的仪式

质，如眼状斑，它们的女儿很可能遗传这种偏爱倾向。雌性产子也考虑自己的偏好，因而更乐于为眼状斑多（或其他特质）者生育。

实际上，杰夫·米勒的"男诗人假说"是费希尔的"性感儿子假说"的另一个版本。雌性与具备这些特征的雄性交配，生育具备同样特征的儿子，传宗接代生育更多子孙。善于作诗或讲故事本身并无内在的生存价值，仅仅碰巧受到女性青睐而已。费希尔的"性感儿子假说"也说明了物种的某些特征能在相对较短的时间内产生快速的进化。正如我们在现代人类身上看到的超级大脑的进化：150万年间大脑容量稳定保持在700～800立方厘米，然后在50万年内容量翻倍。杰夫·米勒认为这是取悦择偶对象的结果。

然而还存在着另一种可能性，即笑容让大脑在体内产生大量内源性鸦片物质。回想第三章中提到的梳毛示好如何产生内啡肽。试想，梳毛让人感受到朋友陪伴的放松和愉悦，用以维系情感。若关系的密切度与梳毛相关（与释放的内源性鸦片物质有关），我们的祖先就得面临一个严峻的问题，那就是如何让群体规模突破其他灵长类一贯的规模水平。莱斯利·艾洛和我认为，刚开始时他们是通过发声交流来替代梳毛的，即便在远处忙着喂养，也能通过发声与朋友"梳毛"，今天的狮尾狒正是这么做的。

问题在于发声交流仅仅是简单的发声，不具备梳毛释放内源性鸦片物质的属性。如果内源性鸦片物质是维系群体的重要部分，那么口头交流充其量只能让群体规模以非常有限的数量扩张，要想突破灵长类群体规模的上限，迟早会遭遇瓶颈，因为有限的梳毛接触无法产生足够的内源性鸦片物质来巩固关系。然而，随着语言发展，随之而来的语言信号开始能刺激产生内源性鸦片物质。笑容尤其如此，因此笑容在会话中成了重要因素。在最早的阶段，笑容也许是服从的信号。黑猩猩有着与微笑和大笑非常相似的面部表情结构。但在某一时刻，笑容发展成了维系社会群体的手段。就字面意思来讲，现在我们可以隔空梳毛了。尽管没空坐下来面对面地梳毛，讲笑话也能刺激对方产生内源性鸦片物质。同时，可继续其他重要的生态性谋生活动——迁移、狩猎、采集、煮食和进食。

回顾本章观点，我们的发现并未构成语言和大脑进化的另一种假说，而是在原有基础上添砖加瓦。大脑和语言一旦具备维系庞大群体的能力，新的可能性便会出现。过去不存在的欺骗和打广告行为出现了，这必然强化了大脑的进化和说话技巧在择偶过程中的运用。若非如此，仅以维系社会群体为目的，大脑和语言能力的进化不会达到如此水平。但若缺乏维系社会的传统动力，大脑容量也不会如此快速地增长。

第十章

进化的伤痕

行文至此,我们已经走过了一段漫长而纷繁复杂的旅程,涵盖了500多万年的进化历史,深入探讨了人类生物学的方方面面,涉及迥然不同的学科,从神经生物学到内分泌学,从社会心理学到人类学。有的论断早有听闻,有的则标新立异。因此,最后一章的开篇我将简明地概括本书的论点。

本书的核心论点围绕四大关键点:(1)灵长类动物的群体规模受限于该物种的新皮层面积;(2)由于类似的原因,人类的社交网络规模的上限约为150人;(3)灵长类社交梳毛的时间直接关系群体规模，因此梳毛对维系团体至关重要；（4）人类语言进化是为了替代社交梳毛，因为庞大群体中的梳毛需求多得让人无暇顾及，语言进化可以节省时间，让人更有效地运用时间进行社会交流。

语言在多个不同的方面扮演了这一角色。语言让我们在同一时间内能联系更多人；让我们能够交流各自社交圈子中的信息，掌握社交圈中成员的动态（同时了解社交骗局）；让我们能够自我推销，这一点超越了猴类和猿类；还加强了远距离梳毛的效果（释放内源性鸦片物质）。语言进化需要许多关键变化，包括生理上的变化（腾出能量维持发达的大脑），以及认知上的变化（产生大脑模块支持心智理论及话语的产生）。

早在这一章，我将探讨这些发现对人类生存意味着什么。我借用伊莱恩·摩根（Elaine Morgan）一本书的书名作为本章篇名，该书描述了进化历史在人类身体留下的诸多后遗症。从毫无用处的阑尾到直立行走带来的脆弱腰背，无不提醒我们的进化并非全然完美的过程。事实上，进化的过程华而不实，鱼与熊掌不可兼得，人类竭力追求面面俱到，想要实现的那些目标又互相矛盾。我们并非完美的生物，无法摆脱人类进化的伤痕。我们也不像18世纪的进化学家认为的那样，是上帝缔造的完美作品。

人类大脑进化得不比人类身体好多少，这并非指人类身体超前发展而大脑落后，就像航天时代的身体里还保留着一颗更新世的脑袋。但人类行为的某些方面反映出进化史的痕迹，至少某些案例证实，文化进化的步伐超越了人类能力的发展。

在这一章里，我提出的更多是一种推断而不是已知的事实。前面的研究故事显然透露了人类行为的根源，但具体细节还有待考究。实际上，我意在指出一些可能的研究方向。

浓缩就是精华

人类语言虽然复杂奥妙，但它比我们想象的更具局限性。关键时刻我们感到无以言表，内心的混乱情绪随时要将我们吞没，因此我们求助于古老的身体亲密行为来表达无法或不敢大声表达的东西。我们痛苦地意识到语言的这些局限性。但话语机制对我们交谈的严重制约却很少有人知道，尽管我们在日常生活中都会遇到。

第六章指出了会话中保持专注的个体数量有上限。随意闲聊一般不超过4个人。原因是人一多便无法围成小圈听清对方在说什么。这产生了人类行为中两大有趣的特征。

其一是会话中同时发言的人数不会超过一位。一旦超过，谁都跟不上谈话内容，参与谈话的人要么分开，变成两个单独的对话，要么其中一位说话者通过提高音量来压倒另一位，或者要求其他人都保持安静。

其二是我们研究对话行为时发现，在男女混合的群体中，谁来说话有着明显的性别差异。我们经常注意到在两性混合群体中，女性倾向于倾听而男性倾向于发言，有时候人们认为这是男性让女性臣服的霸道行为。然而，我们的研究明确表明这种理解不正确（或至少不完全正确），因为女性并非在任何场合都更愿意倾听。事实上，在一男一女的单独组合中女性发言的时间比例是50%，但随着谈话群体人数增多，比例会下降。在

8～12人的会话中，一名女性和一名男性"窃窃私语"时，女性发言时间可能只占25%。

这背后的原因有两个。一种可能是女性声音比男性轻柔，随着身边会话人数增多，很难让对方听清自己说话。倘若当你说话时对方的回应一直是"不好意思，我没听清楚，能再说一遍吗？"，还不如坐下来听对方说。因为男性声音宏亮、穿透力强，所以男性发言时间占比大。

另一种可能性是年轻成年男女之间的会话行为好比一场求偶竞技（男性给自己打广告供女性筛选），当群体中男人数量较多时，女人更乐意坐下来挑肥拣瘦，这也合乎情理。女人若是自己讲个不停，就顾不上给角逐的男人打分了，因为讲话本身是件复杂的事情，只顾着讲就容易忽视其他事物，只能留意到自己的表现。相反，当人们开始一对一单独谈话时（而非在大群人当中），通常女性发言时间更多，因为这已经从单纯的自我推销升温为建立关系。

语言机制对人们在管理特大群体中的会话行为也施加了制约。在委员会或讲座的现场，为了防止巴别塔

第十章 进化的伤痕 | 279

倾塌，人们必须设定严格的社会规则，规定人群在这种场合下的行为。布道或讲座时，到场的民众得同意为听一个人说话而暂时放弃发言权。这种不成文的规定很脆弱，因为听众愤怒起来就可能轻易打断讲话，甚至可能需要将闹事者驱逐离开才能继续下去。

上述这种约定俗成的安排超越了人类行为的自然模式，克服只顾一己私利所带来的破坏性后果，是为了追求更广泛的集体利益。实际上，这就是生物学家所说的互利主义，这种"你给我挠背，我也给你挠背"的做法是保障利他行为在达尔文世界中得以发展的另一种生物机制。但是，类似这种合作关系很可能被"搭便车"者乘虚而入，结果"搭便车"者坐收渔人之利而无须做出贡献。通过利用愿意守规矩保持沉默的人，这些搭便车者可强迫大家听他的发言，他们比谁都大声，比谁都多管闲事（这正是他们的真面目）。

要开展某些重大的社会活动，正式场合中的听众显然少不了暂时放弃发言权，否则传统社会中许多活动都不可能实现，例如，宗教教导、聚众号召、法庭程序和更为正式的政治决策。哪怕是简单的婚礼安排，如果在场的每一位都同时说话，就不能成事。

这个问题在委员会里尤其突出，因为每个人都期望建言献策。委员会需要一位有力的主席把控全场，保证各位成员能轮流发言，防止不必要的打断。参与过委员会会议的人都清楚，主席的控场能力至关重要。一旦主席分心，委员会就会四分五裂成若干个"开小差"的小团体，聊起不相关的话题。

正因为会谈互动很难掌控，委员会的形成需要一项重要的非正式规则。其中一个公认的原则是，想要解决问题并快速做出决定，委员会不应该超过6个人。如果想让委员会集思广益有所创见，则需要6个人以上。鱼与熊掌不可兼得。

委员会人数越多，得出结论所花费的时间就越长。人人都想发表看法——太多如果、但是和然而——各种歧见互不相让。但若委员会人数较少则不利于群策群力发掘新意，那么结论很可能是因为每个人都发表过看法后再无其他建议而最终确定的。即便出现两种截然相反的观点，也没有足够的人数形成对抗，结果，很容易孤立异己。势单力薄的少数派很可能会服从多数人的意见。

这也许间接地解释了生活在维多利亚时代的人们的家长式行为作风。多亏具备了成功的基本医疗规划，加上医疗科技快速发展，维多利亚时期中上层阶级的婴儿生存率达到了前所未有的水平。家庭人口从传统农民社会的2~4名存活子女增长到19世纪富裕阶层的4~8名。饭桌上一般都有6名儿童和2位父母，加上1位古怪的老姑婆，吵闹起来可真让人不胜其烦。在我看来，维多利亚时代的人采取小孩"露面不发言"的做法一点都不奇怪，小孩只有在大人问话时才能答话，如果不这么做肯定闹翻天。相反，现在我们一般是2~4名小孩加2名大人，饭桌上的讨论更斯文，小孩也更自由。显然，维多利亚时期这种专制家长式的作风，不可避免地延伸到了更广阔的成人世界。

现在举最后一个例子，来说明头脑机制对我们行为的制约，这涉及开设虚拟会议系统。通过电话系统，让几个人连线进行电话会议，这种技术已经出现了一段时间，还衍生出了电话聊天。如今人们在努力研发虚拟会议系统，通过视频连接让世界各地的人同时处理一份文件或讨论跨国公司的政策。这显然是一种成本更低（费劲更少)的管理方案,避免跨国公司人员飞越半个地球来开2小时的会议。

不幸的是,虚拟会议系统面临同样的制约:系统中开会人数很难超过4个人。技术可支持无限数量的人,但人本身做不到。互动人数超出4人,就总会有人落单,对讨论的贡献也容易被忽视。

我们的头脑机制在处理会话群体时存在人数上限,这个上限正是维持良好互动所需的人数。尽管电子技术可让许多人仿佛同时并排而坐,但我们缺乏必要的认知机制,因此同时互动人数不可多于3人。

这对教育等领域有着重大的现实意义。大多数政府倾向于推行大班教学来降低公办教育成本,但这是有代价的。大班教学一般采用讲座形式的教学方式,因为其他教学形式的噪声太大会干扰教学。在大学里,教学目的是激发学生讨论,让学生学习如何论证观点,厘清事情的来龙去脉,分析其他假设或行动方案的利弊。但这种教学目的只有在小组中才有可能实现(这类教学小组的人数最多不超过6名学生加1位老师)。如果小组人数大大超出这个范围,讨论就会落在几个人身上,其他人会开始开小差或交头接耳，收获甚微。

大班教学就像饭来张口的填鸭式教学。这既影响了教学内容也影响了教学手段。但人们对此无能为力。作为激发想法的重要途径，争论过程中你一句我一句的环节就这么遗失了，因为老师的注意力有限。天生好奇爱发问的小孩不得不保持安静，这样一来，教学质量下滑，不是培养独立思考的头脑，而是训练在某种情况下做出正确反应的技工（知其然而不知其所以然）。教育成了对行为规则的死记硬背。

陌生人之间的信任

平心而论，谁在生活中没迷上过一两部电视剧。人们喜欢看电视剧是因为天生对他人行为感到好奇，但电视剧这种特定的娱乐形式如此受欢迎还有另一个有趣的原因。

现代都市生活有个奇怪的特点，那就是我们被深深地围困于家庭的小世界中。离开亲属独自居住，发展朋友圈的机会又微乎其微，现代的城里人只好越发依赖肥皂剧中现成的虚构家庭来感受社会生活和集体归属感。显然，这类节目最庞大的观众群体是居家带娃的女性。相反，社交生活丰富的人对这类节目几乎不感兴趣。

由于社会或经济原因，现实中有一部分人的社交网络远未达到150人的天然上限，肥皂剧中的人物开始填补、替代他们的真实社交生活。这一点尚未有人进行过具体研究，但如果出现这样的研究结果，我不会感到惊讶。电视新闻主播和名人一样成为我们社交网络的一部分。我们觉得他们是半真实的朋友，不仅因为常常在电视上看到他们，还因为新闻报道像主播正对着我们单独说话一样。事实上，许多成功的新闻主播特意营造一种正在餐桌上和你单独说话的感觉。

在世界各地的传统农民社区中，人们抬头不见低头见。当然他们不得不这样，因为房屋挨得很近，墙体像纸一样薄。但他们就想要这样，那是一种真正的社区，社区成员团结合作，共同面对日常生存的问题。他们之间有血缘关系，至少是父母一方的亲属，通常是双方的亲属。

现代工业大都市常缺乏这种社区归属感，因为全是平地盖新房，楼房建起来，来自五湖四海的人们涌向城市。他们没有社会交情、没有共同的历史来维系情感。人们的亲友都四散各处，远离自己的住所。人口流动性增加，人们不得不背井离乡寻找工作，这更加剧了这一问题。

以上情况导致的一个结果使社会网络变得支离破碎。在传统社会中，无论农民社会还是狩猎采集者社会，社区是密切联系的整体。人们共有相同的熟人网络，彼此互相认识。两个人的亲密朋友和亲属圈（最常互动的一批人）未必一样，但在150人的社交网络中，亲属和熟人几乎完全重合。在后工业社会中，这种情况几乎消失了。你和我在工作中有着共同的熟人圈子，但我们的配偶未必如此。你和你的配偶都在同一个教会有着共同的熟人圈子，但我没有。我们没有一个共同的大社交网络，只有各自的子网络，以及重合的部分社交网络。我们每个人的私人网络依旧有150个人，但我们只有15~20个共同认识的人。

人们之间共同利益的纽带变弱。你我二人合作，我得到的只是眼前的利益及时机成熟之时你给我的回报。

在传统社区中，恩惠以波浪叠加的形式在社区中流传，我帮了你姑姑的忙，她帮了自己表亲的忙，表亲帮了他朋友的忙，而那人最终又帮了我。我对你的一次慷慨并不是一下子就得到回报，而是在一场小社区中的社交循环赛。尽管小社区生活会有不尽如人意之处，但社会责任和回报的好处会被一再放大。

我不是说大城镇不好或人们不应该到城里找工作。古往今来人类一直在迁徙。从埃及中部王国建立到玛雅帝国的鼎盛时期开始，大城镇向来是一块经济与社会的大磁石。整个18世纪，伦敦和其他欧洲首都吸引着远道而来的求职者。这些城市靠移民对工业的支持变得更大更强。但不一定为城市带来名誉和财富。大部分城市人口死亡率高于出生率但依然发展繁荣，是因为移民人数持续高于死亡人数。

恶劣的卫生条件和低薪酬是城市贫民区死亡率居高不下的主要原因。但人口统计学家忽略了另一个因素，即缺乏亲属关系和其他辅助设施，这导致移民社区的问题进一步恶化。缺乏亲属关系严重影响人们的健康，这一点让人惊讶。在1626年史密斯上校（Captain Smith）率领的弗吉尼亚殖民地开拓者队伍中和1846年跨越美国西部的著名唐纳党马车队中，这种情况特别严重。

这两个案例中，没有同行亲属的人死亡率最高。哪怕是原本身体健壮的年轻男性，在独身加入唐纳党马车队后都无法熬过旅途中遇到的劫掠，他们死得更早，死亡人数明显更多。一项关于20世纪50年代英格兰东北部贫民区居民的研究也有相同发现：亲属关系网最小的人遭受的儿童发病率和死亡率最高，抑郁的可能性也更高。密切的社交网络对我们的生存至关重要，最近一项关于多米尼加农村人口的研究也有类似发现。

正因为缺乏自然关系网络的支持，在过去半个世纪中，大量宗教和伪宗教派别如雨后春笋般地出现，吸引着年轻人的注意。从杀人狂查尔斯·曼森（Charles Manson）、美国大卫教教主大卫·考雷什（David Koresh）、牧师克里斯·布雷恩（Chris Brain）所创建的邪教组织，到邪教统一教（Moonies）和印度教克利须那派（Hare Krishnas），这些宗教和伪宗教仿佛有一种归属感、集体感和家庭感，对年轻人充满了吸引力。确实，部分更极端的群体特意盯上孤独的年轻人。

在上述例子中，他们用花言巧语描绘一种更温馨、更安全的公共生活，用语言调动情感，用话语鼓动人心，使人产生能够上瘾的兴奋感。历史上宗教激进主义横扫各国、法西斯主义崛起、猎捕女巫、大屠杀、十字军东征都是很好的例证。这都是因为我们被煽动人心的说辞鼓动，甘愿放弃自我意志，向集体意志投降。维系社区的心理机制已然消失，因为维护共同利益的社区已不复存在。小社区有着长期建立起来的信任、义务和血缘纽带，不会让饱受争议的个人观点损害大家的利益。在现代社会七零八落的社区中，这种保障不复存在，但是对那些宣称与自己一条心的人产生信任的机制还在。投机者可能利用这点使自己获益匪浅。

同样的情况出现在社会生活的方方面面。过去20年相亲栏目和婚介所生意红火，意味着人们缺乏结交对象的社会网络。村庄里的媒人和村庄一同消失了。越来越多的人到新的城镇找工作，他们因为缺乏接触伴侣和伙伴的渠道，陷入社交的真空之中。哪里能认识人又免受豺狼之扰？个人广告栏目和婚介所日渐成为正常社会生活的一部分。

接下来还有更让我惊讶的发现。现代都市社区中成年人的友谊并不是从各自的社交中发展而来的，而是从小孩上学的学校或俱乐部发展起来的。毫不夸张地说，改善幼儿园伙食为的不是小孩而是家长。

并不是说这些现象本身有什么问题，只是反映出心理上的需求如何驱使我们投靠某些社会媒介。不论如何，缺乏社交和社区归属感也许是21世纪最迫切的问题。

复印机旁的闲聊

常言道，很多生意是在高尔夫球场上谈拢的，而不是在办公桌上。这背后有着很好的理由。生意往来是个体之间的个人交往。双方需要彼此估量，评估对方的诚意，看对方说话是否算数。这些信息不是打个电话或坐下来开个短会就能获得的。打高尔夫是醉翁之意不在酒，目的在于提供机会建立关系。

纽约和阿姆斯特丹的钻石经销商正是这种生意圈运作的原型。圈子里的人一诺千金，因为彼此认识，知根知底。珠宝经销商的圈子很小，是一个封闭的世界，都是熟悉的面孔和熟人介绍的朋友，无需合同或文件，全靠信赖。但仅仅因为圈子小才能如此，入会的人太多就会瓦解。

与珠宝经销商的圈子相比，国际金融市场的超级网络则显得庞大和松散，大量互不相识的人都是通过现代技术联系起来的。多少金融市场和保险市场的混乱是因为规模太大而造成的。流氓交易员能够全身而退，是因为他们操作的是一个义务和信任缺失的庞大匿名市场，而他们的同事中至少还有人相信他们会像在小圈子中一样以个人信誉来交易。在现代分散的电子市场中，交易员不可能认识每一个接触的人。既然陌生人之间的信任终究都是脆弱的，人们的行为自然就不可避免地向某种让人忐忑的新准则倾斜。

信息高速公路的拥护者总是希望处在信息技术前沿的全球网络会给大众创造一个传播美好理念的机会。信息传播范围也确实变得更广泛，我能与素未谋面的人（可能永远不会见面）共享互联网的内容。但这不一定意味着就会形成万众一心、齐头并进的世界网络。

冰冷的信息高速公路让人们不再像面对面交流那样

谨言慎行，而是生气时言辞更激烈，挑逗别人时也更随意。正像我们越来越熟悉的"路怒族"那样，困在金属车架里，车里的人比人行道上的路人更容易缺乏耐心、心浮气躁。因为被切断了面对面的接触，无法快速细致地解读微妙的弦外之音，这些人也就失去了社会交往中维系合作和团结所需的自控力。匿名的网络互动显然让人们隔得更远，约束更少。"网怒"成了必然的结果。我们知道对方不能报复，唇枪舌剑便愈演愈烈，但在车里我们就不敢这样，更不要说面对面的时候。

电子邮件也不见得会显著扩大人际社交网络。它会比蜗牛邮递（计算机爱好者对传统信函邮递的称呼）快，但对人脑处理他人信息的能力（不仅仅是单纯的计算机运算）影响不大。最终，信息高速公路唯一的真正优点是思想传播的速度较快。在离不开人际互动的事情上（例如，达成交易），还是老一套的认知思维模式更靠得住。对未知的疑虑和对不值得信赖的陌生人心存顾忌依然会影响我们的决定，这样一来，在庞大而杂乱的人口群体中，协商讨论就变成了死板的按章办事而不是直觉判断。遇到真正重要的事情时，人们还是会选择值得信赖的老办法，亲身接触本人。老朋友的交际网络从未显得如此重要。

社会学家一向认为少于200人的企业能通过信息自由流通实现运营管理。一旦超过这个规模，便需要某种层级结构或生产线管理系统来防止沟通失败造成的大混乱。实行这种架构管理有它的弊端：一方面是信息只能沿着特定渠道流通，因为只有部分个体彼此保持定期联系；另一方面是缺少人性化的联系就会缺乏个人归属感，而小群体世界的运作所依赖的正是这种归属感。人们只有清楚看到回报才愿意出手相助，投桃报李，同舟共济。大机构尾大不掉不够灵活。

解决上述问题的其中一个办法是将大机构重组成一个个紧密团结的小团队。小团队间建立起互惠互利的关系，才能组成更大的机构。然而，如150人规模的小团队也并非解决机构问题的灵丹妙药，还需要相关人员之间建立起直接的人际关系。人们自在地相处，信息才能自由流通。架构关系过于僵硬，必然会妨碍机构系统运作。

几年前一位电视制作人提醒了我这一点的重要性。

她所在的制作部门负责某电视台全部的教育类节目。不知是机缘巧合还是有意为之，她们部门的人数刚好是150人。整个机构的工作流程一直进展顺利，直到她们搬到了新定制的办公室。随后无缘无故地，一切都开始散架，工作难度增大，工作结果也不尽如人意。

一段时间后，她们才弄清楚问题所在，原来是设计师在设计办公楼时，认为大家午间吃三明治的咖啡间是不必要的奢侈品并将它撤了。他们的想法是，大家在办公桌上吃三明治，工作会更卖力还不浪费时间。无意中，他们瓦解了支撑整个机构的亲密社交网络。显然，当大家随意聚在咖啡间吃三明治时，彼此之间交换了零星有用的信息。遇到解决不了的难题时，在午餐时间可以和其他团队的朋友聊天讨论，也许那位朋友正好知道谁能帮上忙；也可能旁边的人听到后可以帮忙出主意，或是听到这件事的人一两天后外出刚好碰上了能帮忙的人，他给你打一通电话就能解决问题；也可能是随意搭句话就能启发一个新项目。

这种咖啡机旁的偶遇，复印机旁的闲谈，正是机构成功与否的差别之处。通过鼓励随意的接触，古老的系统编织出一张员工之间的人际关系网络，彷如一部平行运作的超级计算机：几个头脑同时独立运作解决同一个问题。

*

语言渗透到人类文化当中，如同科技与艺术一般支撑着人类社会的发展。语言根植于久远的过去，是人类历史发展必不可少的一部分，也是人类精神文化不可或缺的一部分。我们可借助语言成就最卓越的事情。然而，人类大脑有局限性，预设的认知能力只能处理小规模社会问题，而小规模社会正是人类进化史上近些年出现的特点。

我们无须杞人忧天。这只是某个需要我们面对的问题，这个问题要求我们重视并调整自身的社会行为，而非抵抗对立。这也并非意味着人类行为不会再发生变化，那不过是一种对进化论普遍而肤浅的误读。正如所有的灵长类和众多哺乳动物一样，人类行为的特征是灵活性强，并能在大脑机制的局限下进行自我调整。人类的未来取决于我们能否认识到这些局限,以及我们怎样绕道而行,乃至必要时重建最适宜人类自身发展的社会环境。倘若能做到这一点,我们的现代社会将变得更有人情味,更加温和友好。

致 谢
Acknowledge

本书有赖于诸多朋友的帮助。感谢参与讨论书中观点的每一位,特别是参与立论研究的朋友。特别鸣谢莱斯利·艾洛(Leslie Aiello)、罗布·巴顿(Rob Barton)、迪克·伯恩(Dick Byrne)、理查德·本特尔(Richard Bentall)、工藤宽子(Hiroko Kudo)、彼得·金德曼(Peter Kinderman)、克里斯·奈特(Chris Knight)、山姆·洛文(Sam Lowen)、丹·奈特(Dan Neule)、姗基妲·奥康奈尔(Sanjida O'Connell)、博古斯劳·帕洛斯基(Boguslaw Pawlowski)和彼得·韦勒(Peter Wheeler)。感谢尼尔·邓肯（Neil Duncan）、阿曼达·克拉克（Amanda Clark）、尼古拉·赫斯特（Nicola Hurst）、凯瑟琳·洛（Catherine Lowe）、戴维·费利（David Free）和安娜·马里奥特（Anna Marriou）协助我进行各项研究项目，感谢尼古拉·小山（Nicola Koyama）核查参考文献。我的编辑朱利安·路斯（Julian Loose）充满热情和耐心，我在此表达一如既往的感激之情。